Y DYN YN Y TRÊN

Y DYN YN Y TRÊN

gan
MEGAN TUDUR

o syniad gwreiddiol gan MAIR K. DAVIES

STORI ANTUR I'R RHAI SY'N DYSGU CYMRAEG
YN NOSBARTHIADAU UWCH YR YSGOLION UWCHRADD

gyda Nodiadau a Geirfa

AN ADVENTURE STORY FOR THOSE LEARNING WELSH
IN THE HIGHER FORMS OF SECONDARY SCHOOLS

with Notes and Vocabulary

GWASG GOMER
1972

Ad-Argraffiad - Hydref 1988

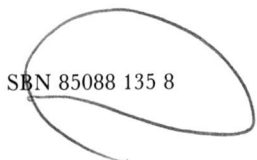

SBN 85088 135 8

*Cyhoeddwyd dan nawdd Cynllun Llyfrau Cymraeg
y Cyd-Bwyllgor Addysg Cymreig*

*Argraffwyd gan J. D. Lewis a'i Feibion Cyf.
Gwasg Gomer, Llandysul*

RHAGAIR

Bwriadwyd y nofel yma yn ddefnydd darllen i ddisgyblion ysgolion uwchradd, neu i oedolion, sy wedi bod yn dysgu Cymraeg ers rhai blynyddoedd. Fe ddilynwyd cynllun gwaith Cylchgronau'r Urdd—cynllun *Mynd*, a ffurfiau ' Cymraeg Byw '. Wrth gwrs, gobeithir y bydd y llyfr hefyd yn apelio at blant o Gymry Cymraeg.

Dymunaf ddiolch i Bwyllgor Addysg Sir Ddinbych am eu cefnogaeth ac i Wasg Gomer am gyhoeddi.

YDYCH CHI'N MYND I ABERCERI ?

"Esgusodwch fi. Oes lle yma ? Mae pob cerbyd arall ar y trên yn llawn."

Fe drodd Alwyn at ddrws y cerbyd. Roedd dyn bach tew yn sefyll yno, yn gwenu'n nerfus a'r chwys yn llifo lawr ei wyneb coch.

"Oes, siwr iawn," meddai Alwyn. "Mae digon o le yma."

"Diolch yn fawr. Mae'n dda gen i gael eistedd."

Eisteddodd y dyn bach tew wrth ddrws y cerbyd yn y cornel pella oddi wrth Alwyn. Tynnodd hances fawr wen o'i boced a dechrau sychu ei dalcen. Fe agorodd Alwyn ei lyfr unwaith eto. Stori dda oedd hon—stori ysbïwyr. Ac roedd hwn yn ddarn cyffrous iawn. Roedd yr arwr wedi dilyn y dyn drwg at hen dŷ gwag ac roedd hwnnw'n cuddio yn rhywle yn y tŷ. Dyna'r arwr yn gwthio'r drws yn ara bach a'i wn yn ei law. Ac yna . . . dyna olau mawr yn disgleirio, yn ei ddallu fe . . . roedd e'n methu gweld dim . . .

"Esgusodwch fi . . ."

Go dratia ! Fe edrychodd Alwyn i fyny. Y dyn dierth eto. Roedd e'n dal ei het ffelt yn dyn yn ei ddwylo ac yn gwenu fel ffŵl.

"Esgusodwch fi," meddai fe eto. "Ydy'r trên yma'n mynd i Aberceri ?"

"Ydy. Caerfyrddin gynta, wedyn Aberceri. I Aberceri rydw i'n mynd."

"O. Diolch. Dyma'r trên iawn felly. Does arna i ddim eisiau dal y trên anghywir a landio yn Birmingham neu rywle . . ." Fe chwerthodd y dyn bach yn uchel.

Gwenodd Alwyn yn boleit a throi 'nôl at ei lyfr. Distawrwydd ! Diolch byth ! Roedd y dyn bach wedi setlo lawr o'r diwedd.

"Ydych chi'n gweithio yn Aberceri ?"

Go dratia eto ! Allai'r dyn ddim bod yn dawel ?

7

"Nac ydw. Dydw i ddim yn gweithio yno. Rydw i'n mynd i Eisteddfod Aberceri."

"O, rydych chi'n cystadlu yn yr Eisteddfod . . . canu efallai neu adrodd ?"

Fe chwerthodd Alwyn. Pam roedd hwn yn gofyn cymaint o gwestiynau ?

"Nac ydw, dydw i ddim yn mynd i gystadlu yno. Newyddiadurwr ydw i. Fe fydda i'n 'sgrifennu hanes Eisteddfod Aberceri yn *Y Llais*."

"O," meddai'r dyn, ac fe eisteddodd e 'nôl yn ei sedd.

"Wel," meddai Alwyn wrtho fe'i hun, "mae'r dyn bach wedi gofyn fy hanes i i gyd. Mae'n bryd i minnau ddechrau gofyn tipyn o'i hanes e."

"I'r Eisteddfod rydych chi'n mynd ?"

Ond doedd y dyn ddim yn clywed. Roedd e'n edrych allan i'r coridor.

Fe dreiodd Alwyn eto.

"Ydych chi'n disgwyl rhywun ?" gofynnodd e'n uchel.

Fe drodd y dyn yn sydyn.

"Y . . . y . . . mae'n ddrwg gen i," meddai fe. "Oeddech chi'n dweud rhywbeth ?"

"Dim ond gofyn oeddech chi'n disgwyl rhywun."

"Na," meddai'r dyn. "Na, dydw i ddim yn disgwyl neb."

"Ydych chi'n gweithio yn Aberceri ?"

"Nac ydw." Fe ysgydwodd y dyn ei ben. "Nac ydw, wir."

"O, rydych chi'n mynd i'r Eisteddfod 'te ?" Roedd Alwyn yn benderfynol. Roedd e'n mynd i gael gwybod rhywbeth am y dyn bach od yma.

"Nac ydw. O, nac ydw. Does dim amser gen i i fynd i'r Eisteddfod. Rydw i'n brysur dros ben."

"O, piti." Fe chwerthodd Alwyn. "Wel, fe fydd rhaid i chi ddarllen *Y Llais*. Fe fydd yr hanes i gyd yn hwnnw. Adroddiad byw bore fory—' y gwir yn erbyn y byd '. Gohebydd *Y Llais on the spot* unwaith eto !"

Ond doedd y dyn bach ddim yn gwrando. Roedd e wedi codi ar ei draed a sefyll wrth ddrws y coridor. Roedd e'n gwrando ar rywbeth arall. Beth oedd e'n ei glywed ? Fe wrandawodd Alwyn hefyd. Sŵn traed . . . sŵn drws yn agor . . . sŵn drws yn cau . . . sŵn traed eto . . . sŵn drws. Roedd rhywun yn dod lawr y coridor ac yn edrych i mewn i bob cerbyd.

Fe drodd y dyn at Alwyn yn sydyn. Roedd y wyneb coch wedi mynd yn wynnach na'r galchen.

"Gwrandewch. Mae rhaid i chi wneud rhywbeth i mi. Mae'n ddrwg gen i ofyn i chi . . . ond does dim dewis gen i. Ydych chi'n gwybod lle mae Stryd y Castell yn Aberceri ?"

"Ydw, rydw i'n credu. Y tu ôl i'r castell yn rhywle. Ond . . . ." Roedd y dyn wedi agor ei fag bach du. Fe dynnodd e rywbeth allan o'r bag a'i estyn i Alwyn.

"Yr amlen yma. Mae hi'n bwysig iawn. Mae rhaid i chi fynd â'r amlen yma i rif deg Stryd y Castell. Rhif deg . . . ydych chi'n cofio ?"

"Ydw, ond . . ."

"Does dim amser gen i i esbonio. Ond nid lleidr ydw i. Dydw i ddim yn gofyn i chi dorri'r gyfraith. Dyma'r amlen. Plîs. Mae rhaid i chi fynd â hi." Ac fe wthiodd e amlen fach felen i ddwylo Alwyn.

Fe drodd y dyn at y drws unwaith eto. Roedd sŵn y traed yn dod yn nes. Yna'n sydyn, fe ruthrodd y trên i mewn i dwnel ac roedd popeth yn dywyll. Fe glywodd Alwyn sŵn drws yn clepian yn y gwynt.

"Ond rydych *chi*'n mynd i Aberceri," meddai Alwyn. "Fe allwch chi fynd â'r amlen. Mae rhaid i mi fynd i'r Eisreddfod."

Dim ateb.

"Ydych chi'n clywed ? Mae rhaid i mi fynd i'r Eisteddfod. Fi sy'n sgrifennu'r hanes i'r *Llais*."

Golau sydyn. Roedd y trên allan o'r twnel.

Dim rhyfedd fod y dyn ddim yn ateb ! Roedd e'n eistedd yn llonydd yn ei sedd a'i geg ar agor, ac ar ei grys roedd sbotyn mawr coch . . .

Y BACHGEN CLOFF

Fe ddaeth Alwyn allan o'r trên yng Nghaerfyrddin a'r amlen felen yn ei boced. Roedd chwarter awr cyn y trên i Aberceri. Roedd e wedi penderfynu ar unwaith beth i'w wneud. Doedd y trên yma ddim yn mynd ymlaen i Aberceri. Fyddai neb yn gweld y corff am dipyn . . .

Roedd hon yn stori, yn stori fawr, Pe bai e'n mynd at y polîs, fe fyddai pob newyddiadurwr yn y wlad ar ei hôl hi. Na, roedd e wedi bod yn lwcus. Roedd e *on the spot.* Dyna'r geiriau ddywedodd e wrth y dyn bach, druan. Doedd dim ond un peth i'w wneud—mynd â'r llythyr i Stryd y Castell, darganfod y gyfrinach a'r llofrudd, ac wedyn mynd at y polîs. Stori'r flwyddyn! Roedd hi o flaen ei drwyn. Roedd rhaid iddo fe ei dilyn hi yn ei ffordd ei hun.

Fe aeth Alwyn i mewn i'r caffe ar y stesion. Roedd Nest yn eistedd wrth fwrdd bach wrth y ffenest yn disgwyl amdano fe.

Fe edrychodd Alwyn ar y gwallt du a'r llygaid brown, crwn, ar y corff gosgeiddig a'r croen gwyn perffaith. Oedd, roedd hi'n hardd. Fe sylwodd e fod lliw pinc ysgafn yn codi'n araf o'i gên hi at ei chlustiau wrth iddi hi ei weld e'n dod i mewn. Roedd hynny'n ei gwneud hi'n harddach byth. Fe chwerthodd e'n dawel. Roedd hi'n falch o'i weld e! Wel, roedd yntau'n falch o'i gweld hi . . . yn falch iawn. Roedd e'n falch mai hi oedd wedi cael ei dewis gan y golygydd i fynd gydag e i Eisteddfod Aberceri. Fe fyddai hi'n gallu ei helpu fe nawr.

Fe gododd Alwyn ei law arni hi a mynd draw at y bwrdd wrth y ffenest.

"Hylo," meddai fe. "Ti sy wedi cael dy ddanfon 'te."

"Pam? Wyt ti ddim yn falch fy ngweld i?" Fe sylwodd e fod y pinc yn dod i'w hwyneb hi eto.

"O, ydw wrth gwrs. Ond fe fydd hon yn job anodd, cofia."

"Job anodd? Eisteddfod Aberceri? Alwyn bach, mae'r job yma fel diwrnod o wyliau. Hawdd!"

"Dydyn ni ddim yn mynd i'r Eisteddfod."

"Ddim yn mynd i'r Eisteddfod ? Ond Alwyn, dyna ein job ni. Rydyn ni'n cael ein talu am fynd. Allwn ni ddim rhedeg i ffwrdd. Ddim heddiw, beth bynnag . . . !"

"Fe gawn ni weld am hynny . . . ar ôl i ni wneud y job ! Nawr gwranda. Mae hyn yn bwysig. Mae stori fawr yma . . . stori fwya'r flwyddyn."

Ac fe ddywedodd Alwyn hanes y trên wrth Nest.

"Felly rwyt ti'n gweld. Dydyn ni ddim yn mynd i'r Eisteddfod. Rydyn ni'n mynd i ddarganfod beth sy y tu ôl i'r holl fusnes yma."

"Ond, Alwyn. Mae'r dyn wedi cael ei lofruddio," meddai Nest wedi ei syfrdanu. "Ti oedd yr unig un yn y cerbyd. Fe fydd y polîs yn dy amau di. Ac mae'r amlen gen ti hefyd."

"Dyna'n union pam mae rhaid i mi fynd â'r amlen i Stryd y Castell a darganfod y llofrudd. Mae hyn yn bwysicach na'r Eisteddfod. Wyt ti'n cytuno ?"

"Ydw, Alwyn . . . ond . . ."

"Dim ' ond ' . . . Tyrd, does dim llawer o amser. Fe fydd rhaid i ni ddal y trên cyn iddyn nhw weld corff y dyn bach.."

"Aros am eiliad, Alwyn. Wyt ti'n gweld y dyn yna wrth y cownter ? Mae e wedi bod yn edrych arnon ni ers amser. Wyt ti'n meddwl ei fod e'n ein gwylio ni ?"

"Pa ddyn ? Y bachgen ifanc yna a'r gwallt hir a'r crys piws ? Na, dydy hynny ddim yn bosibl. Does neb yn gwybod fod yr amlen gen i. Welodd neb mono i'n siarad â'r dyn yn y trên. Dy ffansïo di mae e. Rwyt ti'n ddigon deniadol, cofia. Tyrd, cyn iddo fe dy ddwyn di oddi arna i. Mae gwaith pwysig gen ti heddiw cofia."

Aeth Alwyn a Nest at ddrws y caffe ac allan ar y platfform. Wrth iddo fe basio ffenest y caffe, fe edrychodd Alwyn i mewn. Roedd y bachgen crys piws wedi symud oddi wrth y cownter. Roedd e'n cerdded at y drws. Fe sylwodd Alwyn ei fod e'n gloff. Oedd e'n eu gwylio nhw ? Na, doedd hynny ddim yn bosibl. Ond eto, roedd unrhyw beth yn bosibl heddiw.

Fe gerddon nhw i fyny'r grisiau at y bont oedd yn croesi i blatfform dau a dechrau croesi. Roedd y bont yn hir ac yn wag. Doedd neb arall arni hi. Roedd eu traed nhw'n gwneud sŵn uchel wrth iddyn nhw gerdded yn gyflym ar y pren. Fe wrandawodd Alwyn ar y sŵn, a chwerthin yn dawel. Un—dau—tri—pedwar—sŵn ei gamau mawr e. Ac un—dau—tri—pedwar—pump, sŵn sodlau uchel Nest wrth iddi hi gamu'n gyflym i geisio dal i fyny.

Ac yna, fe glywodd Alwyn rywbeth arall. Oerodd ei waed am eiliad. Rhywun yn croesi y tu ôl iddyn nhw. Y bachgen cloff !

"Nest," meddai Alwyn yn dawel. "Paid ag edrych 'nôl a phaid â stopio cerdded. Mae'r bachgen yn ein dilyn ni."

"Bachgen ?" gofynnodd Nest yn syn.

"Ie, y bachgen yn y caffe. Mae e'n gloff. Gwrandawa ! Wyt ti'n clywed ?"

"Ydw. Alwyn, rwyt ti'n iawn. Ond pam ? Sut mae e'n gwybod ?"

"Wn i ddim, Nest. Ond fe wn i un peth. Fe fydd rhaid i ni redeg . . ."

SICRWYDD

"Brysia Nest. Fe redwn ni. Fe gawn ni weld ydy e'n ein dilyn ni ai peidio. Tyrd ! Rhed !"

Rhedodd y ddau at ben y grisiau oedd yn mynd lawr at blatfform dau. Arafodd Alwyn a rhoi un cip dros ei ysgwydd. Oedd, roedd y bachgen cloff wedi dechrau rhedeg. Doedd dim amheuaeth bellach. Roedd rhaid iddyn nhw ddianc . . .

"Mae e'n dod, Nest. Lawr y grisiau yn gyflym !"

Fe gyrhaeddon nhw waelod y grisiau a dechrau cerdded yn gyflym at blatfform dau. Doedd arnyn nhw ddim eisiau rhedeg neu fe fyddai pobl yn sylwi. Roedd y trên yn sefyll yno a'r gard yn mynd o gerbyd i gerbyd yn cau'r drysau. Safai pobl ar y platfform ac yn ffenestri'r cerbydau yn ffarwelio â'i gilydd. Roedd y trên ar gychwyn. Roedd rhaid iddyn nhw ei ddal e. Ond fe fyddai rhaid iddyn nhw golli'r bachgen crys piws yn gynta !

Roedd hwnnw'n hercian i lawr y grisiau y tu ôl iddyn nhw. Sut roedden nhw'n mynd i ddianc ?

Roedd tryc bach modur yn dod lawr y platfform, wedi ei lwytho â pharseli. Fe welodd Alwyn ei gyfle.

"Nest, wyt ti'n gweld y tryc yna ? Aros nes iddo fe ein pasio ni. Pan fydd e rhyngon ni a'r bachgen cloff, rhuthra i mewn i'r stafell aros yna ar y dde. Wyt ti'n deall ?"

"Ydw, Alwyn. Reit . . ."

Daeth y tryc yn ara bach tuag atyn nhw. Pan oedd e ar fin eu pasio nhw, fe gymrodd Alwyn un cip dros ei ysgwydd. Roedd y bachgen rhyw hanner canllath y tu ôl iddyn nhw, yn cerdded yn gyflym.

"Wyt ti'n barod ?"

"Ydw. Ond fe fyddwn ni'n colli'r trên . . ."

"Does dim i'w wneud. Aros nes i mi ddweud wrthot ti am redeg . . ."

"Reit."

Edrychodd Alwyn dros ei ysgwydd eto. Roedd y bachgen o'r golwg y tu ôl i'r parseli.

"Reit. Nawr. Rhed."

Rhuthrodd Nest at ddrws y stafell aros ac Alwyn ar ei hôl. Erbyn i'r tryc gyrraedd y bachgen cloff, roedd Nest yn cuddio'r tu ôl i'r drws ac Alwyn yn sefyll wrth y ffenest, gan ofalu cadw o olwg y bachgen y tu allan.

"Beth sy'n digwydd Alwyn ? Ydy e wedi ein gweld ni ?" sibrydodd Nest.

"Na, mae e'n mynd ymlaen at y trên. Ust ! Mae e'n stopio. Mae e wedi sylweddoli iddo fe ein colli ni . . . Mae'r trên yn mynd . . . Mae e'n edrych o gwmpas . . . Nest, mae e'n dod 'nôl. Fe fydd e'n sylweddoli i ni guddio yn rhywle. Tyrd !"

"Ond ble, Alwyn ?"

"Y drws arall yna. Ble mae hwnna'n mynd ? Na, does dim amser. Mae e wedi gweld y stafell aros. Mae e'n dod yma. Dratia ! Does dim unman i guddio."

"Tu ôl y drws, Alwyn. Dyna'r unig le. Brysia !"

Fe agorodd drws y stafell aros a daeth y bachgen cloff i mewn. Safai Alwyn a Nest yn syth ac yn llonydd y tu ôl i'r drws. Teimlodd Nest law Alwyn yn cydio'n dyn yn ei braich a chlywodd ei anadlu cyflym yn ei chlust. Roedd hi'n siŵr byddai'r bachgen yn clywed sŵn yr anadlu, byddai e'n clywed ei chalon hi'n curo. Roedd hi'n straen i fod mor dawel. Roedd hi'n siŵr byddai hi'n sgrechian. Roedd hi'n teimlo'r sgrech yn codi o'r tu mewn iddi hi, yn gwthio yn ei gwddw hi. Roedd rhaid iddi hi weiddi . . .

Caeodd llaw Alwyn dros ei cheg hi. Ond roedd y bachgen wedi clywed. Cydiodd yn nolen y drws a'i gau a chlep nes oedd y gwydr yn clecian. Gwelodd Nest fflach o fetel yn ei law ac yna roedd Alwyn wedi neidio allan. Disgynnodd ochr ei law yn drwm ar war y bachgen, plygodd coesau hwnnw oddi tano a neidiodd y gwn i gornel y stafell. Gorweddai'r bachgen yn griddfan ar y llawr a rhedai gwaed o gornel ei geg. Cydiodd Alwyn yn ei freichiau, ei lusgo at y fainc o dan y ffenest a'i wthio oddi tani. Aeth i sefyll wrth y drws. Na, doedd dim i'w weld. Cydiodd yn y gwn a'i roi yn ei boced . . .

RHED NERTH DY DRAED !

FE gerddodd Alwyn a Nest yn hamddenol allan o'r stafell aros
ac ar hyd y platfform. Roedd Alwyn yn cydio yn ysgafn ym
mraich Nest ac yn ei harwain hi at y fynedfa. Roedd meddwl
Nest ymhell i ffwrdd—yn Eisteddfod Aberceri. Fe fyddai'r
Eisteddfod wedi dechrau erbyn hyn a'r plant dan wyth yn
adrodd' Y Sipsi '.

Yn sydyn, fe deimlodd hi law Alwyn yn gwasgu'n dynnach
ar ei braich. Cododd ei llygaid. Wrth glwyd y fynedfa, roedd
dau blisman, yn stopio pawb oedd yn mynd allan o'r stesion.
Roedden nhw wedi darganfod y corff yn y trên !

Heb ddweud gair, fe bwyntiodd Alwyn draw at y platfform
arall. Y tu allan i'r caffe, roedd dau blisman arall. Fe drodd
Nest i edrych y tu ôl iddi hi. Roedd dau blisman yn mynd i
mewn i'r stafell aros.

"Beth wnawn ni, Alwyn ?" sibrydodd Nest. "Os byddan
nhw'n dy holi di, fe fydd rhaid i ti ddweud dy fod ti ar yr un
trên â'r dyn bach. Fe fydd rhaid i ti esbonio pam rydyn ni
wedi colli'r trên i Aberceri. A does dim modd i ni ddianc."

Ond roedd meddwl Alwyn yn gweithio'n gyflym.

"Paid â dweud dim," meddai fe. "Ond pan fydda i'n
rhedeg, rheda di hefyd."

Fe gerddodd Alwyn yn gyflym i fyny at y plisman, a Nest ar
ei ôl.

"Sarjant," meddai fe, a'i wynt yn ei ddwrn. "Diolch byth.
Doeddwn i ddim yn gwybod beth i'w wneud. Y fath sioc ! Mae
fy ngwraig wedi cael ofn ofnadwy. Ewch ar unwaith Sarjant."

"Beth sy'n bod, ddyn ?" meddai'r Sarjant. "Dwedwch yn
glir. Rydyn ni'n brysur."

"Corff," meddai Alwyn. "Yn y stafell aros. Dyn ! Wedi
marw !" Ac fe bwyntiodd e draw at waelod y platfform.

"Corff ? Ydych chi'n siŵr ?"

Fe edrychodd y Sarjant ar y plisman arall a throi i weiddi
ar y ddau blisman yr ochr draw i'r lein.

Y funud honno, dyma Alwyn yn cydio yn llaw Nest ac yn ei thynnu hi drwy'r glwyd ac allan i'r stryd cyn i'r Sarjant sylweddoli beth oedd yn digwydd. Lle roedd mynd nawr ?

"I'r Stryd Fawr, Nest. Tyrd ! Rhed nerth dy draed !"

Rhedodd y ddau i fyny'r stryd a throi i'r chwith dros bont y rheilffordd. Doedden nhw ddim yn mentro troi i weld beth oedd yn digwydd y tu ôl iddyn nhw. Fe glywen nhw sŵn gweiddi a thraed yn rhedeg, yna sŵn drws yn cau a char yn dechrau. Roedden nhw'n dod ar eu hôl nhw mewn car !

"Rhed, Nest. Mae rhaid i ni gyrraedd y Stryd Fawr. Fe fydd tyrfaoedd yno. Fe fyddwn ni'n gallu eu colli nhw."

"Alla i ddim, Alwyn. Alla i ddim rhedeg dim pellach." Fe deimlai Nest ei choesau'n wan a'i chalon yn curo. Roedd hi'n methu anadlu ac roedd poen annioddefol ganddi hi yn ei hochr.

Fe roddodd Alwyn gip dros ei ysgwydd. Roedd y car polîs yn troi cornel y bont.

"Lawr y llwybr bach yma. Brysia ! Cyn iddyn nhw ein gweld ni."

Ond doedd Nest ddim yn ddigon cyflym. Roedd y ddau blisman wedi eu gweld nhw. Fe glywodd hi sgrech y brêc wrth i'r car polîs stopio wrth geg y llwybr. Roedd e'n rhy gul i'r car. Ond roedd y plismyn wedi dod allan o'r car a dechrau rhedeg. Dim ond hanner canllath oedd rhwng Alwyn a Nest a'r ddau . . . ac roedd coesau Nest yn plygu oddi tani hi . . . Deugain llath, deg llath ar hugain . . . Roedd y bwlch yn cau ac fe glywai Nest sŵn esgidiau trwm y plismyn y tu ôl iddi hi . . .

Pen y llwybr, a phobl ymhobman ! Y Stryd Fawr ! Neidiodd Alwyn i mewn drwy'r ail ddrws welodd e a thynnu Nest ar ei ôl i ganol tyrfa fawr Woolworth's ar brynhawn Sadwrn ! Rhoddodd Alwyn weddi fach o ddiolch wrth edrych o'i gwmpas.

"Y caban tynnu lluniau yna. Brysia !"

Drwy lwc, doedd neb y tu ôl i'r llenni. Eisteddodd Nest ar y sedd fach, a theimlodd na fyddai hi byth yn gallu codi eto.

"Ydyn ni wedi eu colli nhw ? Ydyn nhw wedi mynd ?" Roedd y geiriau'n gwrthod dod. Roedd ei hanadl hi'n sownd yn ei gwddw ac roedd morthwylion anferth yn curo yn ei phen.

Daliodd Alwyn ei fys ar ei geg. Roedd e'n edrych yng ngwydr y caban tynnu llun. Fe allai weld y drws. Daeth y ddau blisman i mewn ac edrych o gwmpas ar y dyrfa. Aeth popeth yn dawel ym mhen ucha'r siop ac fe drodd pawb i wylio'r plismyn. Pwyntiodd y plisman tala i'r dde ac aeth un ohonyn nhw i lawr ochr dde'r siop a'r llall i lawr yr ochr chwith—yn syth am y caban tynnu lluniau. Pwysodd Alwyn yn fflat yn erbyn y wal a dal ei anadl.

Rhyfedd wyrth ! Sylwodd y plisman ddim ar y caban ac aeth ymlaen i waelod y siop a 'nôl i fyny ar hyd y llwybr canol. Ysgydwodd ei ben ar y plisman arall ac aeth y ddau allan i'r stryd.

Rhoddodd Alwyn un ochenaid hir o ryddhad . . .

PENNOD 5

DODD, Y DYN DODREFN

ROEDD Alwyn yn sefyll yn ymyl y ffordd A48 oedd yn mynd allan o Gaerfyrddin am Aberceri. Eisteddai Nest yn y clawdd. Roedden nhw wedi mynd yn syth i orsaf y bysys ond roedd plismyn yno'n gwylio pawb oedd yn dal bws. Fe fydden nhw'n holi pawb oedd yn dod oddi ar fws yn Aberceri hefyd mae'n siŵr. Doedd dim i'w wneud ond ffawd-heglu.

"Nest, mae lorri'n dod. Tyrd. Fe fydd hi'n stopio efallai."

Fe gododd Nest o'r clawdd a mynd i ymyl y ffordd at Alwyn. Oedd, roedd lorri'n dod—o gyfeiriad Caerfyrddin—un fawr ddu uchel a'r geiriau DODD, Y DYN DODREFN yn fawr ar y tu blaen.

"Reit, Nest. Gwena arno fe. Mae rhaid i ni gael lifft. Fe fydd y polîs ar ein hôl ni yma cyn bo hir. Edrych yn neis, a dangos dy goes !"

Roedd y lorri'n dod yn gyflym tuag atyn nhw. Roedd hi'n cael ei gyrru gan ŵr bychan tew a phâr o sbectol duon trwchus ar ei drwyn. Roedd e'n edrych yn ofalus ar y ffordd ac yn gyrru fel y gwynt. Oedd e'n mynd i'w pasio nhw ? Yn sydyn, fe welodd e Nest ac Alwyn wrth ochr y ffordd a daeth gwên fawr ar ei wyneb e. Aeth y lorri rhyw ugain llath heibio iddyn nhw ac yna stopio a'r brêcs yn gwichian ac yn protestio.

"Diolch byth ! Lwc o'r diwedd ! Tyrd, Nest, ar ei ôl e !"

Rhedodd y ddau i fyny at y lorri. Roedd y gyrrwr wedi agor y drws yr ochr chwith ac roedd e'n pwyso draw atyn nhw yn wên i gyd. Roedd y llygaid bach yn disgleirio y tu ôl i'r sbectol drwchus.

"Helo. Mewn trwbwl ? I ble rydych chi'n mynd ?" Roedd y dyn yn gweiddi uwch sŵn yr injan.

"Aberceri ?" mentrodd Alwyn.

"Aberceri. Siŵr iawn. I Aberceri rydw i'n mynd â'r llwyth dodrefn yma. Neidiwch i mewn. Croeso i lorri Dodd !"

"Diolch."

Neidiodd Alwyn i fyny i gab y lorri ac estyn llaw i dynnu Nest i fyny ar ei ôl. Roedd hen ddigon o le i dri.

Gwthiodd y gyrrwr y lifar mawr, rhygnodd yr injan i'r gêr gynta ac i ffwrdd â nhw. Fe roddodd Alwyn ochenaid a gwenu ar Nest. Roedden nhw ar y ffordd i Aberceri o'r diwedd ! Ac roedd yr amlen yn saff yn ei boced—hyd yn hyn ! Gobeithio eu bod nhw wedi colli'r polîs a'r bachgen cloff am dipyn 'ta beth.

"Sigaret ?" Estynnodd Alwyn ei baced draw at y gyrrwr.

"Gee, ta." Fe gymrodd Alwyn un hefyd a thanio matsen i oleuo'r ddwy.

"Dydych chi ddim yn smocio 'te, Miss . . . y . . . ?"

"Parry," meddai Nest.

"Miss Parry. Call iawn. Fe fydda i'n hoffi cael mwgyn neu ddau ar daith hir yn yr hen lorri yma. Mae e'n fy nghadw i'n effro. Ydych chi wedi dod yn bell ?"

"Na. O Gaerfyrddin."

"O. Fe wela i. Rhedeg i ffwrdd ie ?" Ac fe chwerthodd y dyn tew nes oedd dagrau'n rhedeg lawr heibio i wydr tew y sbectol.

"Wel, ie."

Rwyt ti'n nes at y gwir nag wyt ti'n ei feddwl, meddyliodd Alwyn. A dydy e ddim mor ddoniol â hynny, chwaith !

"Ie, roeddwn i'n meddwl hynny." Roedd y dyn yn dal i chwerthin. "Fe alla i weld bob amser pan fydd dau yn rhedeg i ffwrdd. Wel. Pob lwc i chi ! Ond pam Aberceri ? Fe fyddai Gretna Green yn well !" Ac fe ddechreuodd y dyn chwerthin eto nes oedd ei gorff yn neidio i fyny ac i lawr yn y sêt.

Fe edrychodd Alwyn ar Nest ond wnaeth hi ddim byd ond codi ei llygaid i fyny i'r to. Roedd y dyn yn mwynhau rhyw jôc nad oedden nhw ddim yn ei deall. O, wel . . .

Roedd y lorri'n gwneud tua hanner can milltir yr awr erbyn hyn a'r dyn bach yn gwneud jôcs ac yn chwerthin ar yn ail bob cam o'r daith. Un bach llon a hapus oedd e wir. Roedd Alwyn a Nest yn eu mwynhau eu hunain yn braf yn ei gwmni e, ac roedd stesion Caerfyrddin a'r corff ar y trên a'r bachgen cloff ar lawr y stafell aros ymhell i ffwrdd.

Aberceri 8 Milltir. Gwibiodd yr arwydd heibio iddyn nhw. Yn sydyn, fe arafodd y lorri.

"Hei lads. Mae'n rhaid i chi ddiflannu neu fe fydda i'n cael y sac," meddai'r dyn bach. "Rhaid i ni beidio â chario neb yn y lorri yma. Fe fydd rhywun yn Aberceri yn eich gweld chi. Mae'n ddrwg gen i. Ydych chi'n fodlon mynd i'r cefn ? Mae digon o le yno. Fe arosa i yn Aberceri wedyn i'ch gadael chi allan. O.K. ? Sorri, ond ' rules and regulations '. Chi'n gwybod."

"Popeth yn iawn. Rydyn ni'n deall. Rydych chi wedi bod yn garedig iawn. Does dim ots gennyn ni fynd i'r cefn o gwbl, oes e Nest ?" Ysgydwodd Nest ei phen a gwenu.

"Efallai bod gwely yno. Fe gaf i gysgu wedyn !" meddai hi.

Stopiodd y lorri ac aeth y gyrrwr allan. Neidiodd Alwyn allan drwy'r drws arall a helpu Nest i lawr o'r cab uchel. Erbyn iddyn nhw gyrraedd y cefn, roedd y dyn bach wedi agor y drysau mawr ac roedd gwaelod y drws wedi cael ei dynnu lawr iddyn nhw gael mynd i mewn.

"Sorri, ond y bos sy'n dweud . . ."

Aeth Alwyn a Nest i mewn i gefn y lorri ac fe gaeodd y drysau â chlep mawr. Fe glywson nhw'r barrau haearn yn cael eu gwthio i'w lle y tu allan. Fe roddodd y gyrrwr un cnoc ar y drysau i ddweud fod popeth yn iawn. Fe glywson nhw ddrws y cab yn cau a'r injan yn troi ac yna dechreuodd y lorri symud.

Roedd hi mor dywyll â bol buwch yng nghefn y lorri. Symudodd Nest yn ara ar hyd yr ochr i gael lle i eistedd. Yn sydyn, dyna waedd o boen. Roedd hi wedi baglu dros un o'r bocsys mawr pren oedd yn llenwi'r rhan yma o'r lorri. Rhoddodd ei llaw ar ei choes a theimlo'r gwaed yn boeth ar ei phen-glin. Dratia ! Dyna bâr arall o sanau. Lle roedd Alwyn ?

"Cydia ynof fi." Roedd Alwyn y tu ôl iddi hi, diolch byth, ac fe deimlodd hi ei hun yn cael ei harwain i ochr arall y lorri ac yn cael ei rhoi i eistedd ar swp o sachau ar y llawr. Eistedd-odd Alwyn ar focs yn ei hymyl hi. Roedd e'n dal ei afael yn ei llaw.

"Wyt ti'n gweld rhywbeth ?" Roedd llais Alwyn yn uchel yn ei hymyl hi.

"Dim. Dyna beth yw ' mystery tour ' ! O am un lluchedyn o olau !"

"Dratia ! Matsen ! Y twpsyn ! Feddyliais i ddim am oleuo matsen. Ble maen nhw ? A, dyma ni."

Fflachiodd y golau bach yn sydyn yn y tywyllwch. Dim ond dau beth welodd Nest cyn iddi hi roi sgrech oedd yn atseinio yn erbyn ochrau metel y lorri.

Baril rifolfar. A wyneb gwyn y bachgen cloff !

GWNEWCH UNRHYWBETH SY RAID

"BETH ?" gofynnodd y Pennaeth. "Llofruddio ? Mae Goronwy wedi cael ei lofruddio ?"

"Ydy. Pan gyrhaeddodd y trên Gaerfyrddin, fe gafodd ei gorff ei ddarganfod yn un o'r cerbydau. Roedd e wedi cael ei saethu drwy ei galon."

"A'r amlen ?"

"Rydyn ni wedi bod yn edrych ar y corff ac ar y pethau oedd yn ei bocedi. Does dim sôn am yr amlen."

"Nefoedd fawr ! Feddyliais i ddim bydden nhw'n mynd mor bell â hyn. Feddyliais i ddim bydden nhw'n lladd. Dyn da fel Doctor Goronwy !"

Dyn tal a'i wallt yn wyn fel yr eira oedd y Pennaeth. Roedd ôl blynyddoedd o frwydro a chyfrifoldeb ar ei wyneb golygus, cyfeillgar. Roedd e wedi rhoi ei oes dros yr hyn roedd e'n credu ynddo, a nawr, pan oedd y Mudiad Rhyddid yn dechrau llwyddo, dyma'r cyfan yn syrthio o gwmpas ei glustiau. Mewn un diwrnod, fe allai'r Mudiad roedd e wedi ei adeiladu o ddim, gael ei chwalu. Fe allai gwaith y blynyddoedd fynd yn ofer.

Fe ddaeth cwmwl o dristwch i lygaid glas clir y Pennaeth.

"Mae dyfodol y Mudiad Rhyddid yn yr amlen yna, "meddai fe'n drist. "Oes rhywbeth yn cael ei wneud ? Ydy'r heddlu yn amau rhywun?"

Gŵr ifanc deallus yr olwg oedd y dyn arall, a'r un penderfyniad a sicrwydd yn ei lygaid.

"Mae'r heddlu yn dweud iddyn nhw ddilyn rhyw fachgen a merch ifanc. Ond fe lwyddodd y ddau i ddianc. Mae ymchwil mawr amdanyn nhw nawr. Ganddyn nhw mae'r amlen mae'n siŵr. Mae'n rhaid eu bod nhw'n rhai o bobl Mr. Basil."

"Ganddyn nhw mae'r amlen ? Ond pe bai honno'n syrthio i ddwylo'r heddlu a'r papurau newydd, fe fyddai llwyddiant y Mudiad ar ben. Mae rhaid i ni gael gafael ar y ddau yna cyn y plismyn. Rhaid i chi gofio bod gan M.I.5 ddiddordeb yn yr amlen yna hefyd. Mae ei chynnwys hi'n werthfawr i Mr. Basil a'i gang ac i'r Heddlu Cudd. Ac mae hi'n werthfawr i ni. Roedd Goronwy, druan, wedi llwyddo i'w chael ac fe gollodd ei fywyd wrth geisio dod â hi yma. Feddyliais i erioed fod dynion Mr. Basil mor beryglus. Ond does dim amser i alaru ar ôl Goronwy. Lle mae Cyril ? Mae rhaid cael gafael arno ar unwaith."

"Chlywson ni ddim byd oddi wrth Cyril ers iddo fe fynd i gwrdd â Doctor Goronwy. Wyddon ni ddim lle mae e. Mae'n od iawn nad ydy e ddim wedi ffonio."

"Ceisiwch gael gafael arno fe ar unwaith. A gwnewch bopeth allwch chi i ddod o hyd i'r bachgen yna a'r ferch. Lle bynnag maen nhw, mae rhaid cael gafael arnyn nhw a dod â nhw yma. Gwnewch unrhyw beth sy raid—unrhyw beth !

YR AMLEN PLÎS

FFLACHIODD golau cryf y dorts i wynebau Nest ac Alwyn. Diflannodd wyneb y bachgen cloff i'r tywyllwch y tu ôl i'r golau. Yna, torrodd ei lais ar y distawrwydd oedd wedi dilyn sgrech Nest.

"O'r diwedd. Dyma fi wedi dal i fyny â chi. A does dim cyfle i chi ddianc y tro yma. Mae drysau'r lorri wedi cael eu bolltio o'r tu allan a dydy'r gyrrwr ddim yn mynd i'w hagor nhw nes i mi ddweud wrtho fe. O, rydych chi wedi bod yn glyfar iawn hyd yn hyn. Do, fe ges i fy nhwyllo gennych chi yn y stafell aros ar y stesion. Roeddwn i'n rhy araf y pryd hynny. Ac fe lwyddoch chi i ddianc rhag yr heddlu. Wel, rydw i'n falch o hynny. Fe gaf i ddelio â chi yn fy ffordd fy hun nawr. Ond yn gynta, yr amlen. Dewch plîs. Fe alla i ei chael hi oddi wrthych chi yn ddigon hawdd. Fe wyddoch chi hynny. Ond fe fyddai'n arbed llawer o drafferth i mi ac i chi petaech chi'n ei rhoi hi i mi heb ffys."

Roedd llais y bachgen yn hollol dawel ond roedd y gwn yn pwyntio'n syth at galon Nest. Fe welai Alwyn oddi wrth yr olwg ar wyneb y bachgen cloff ei fod o ddifrif. Roedd e'n mynd i gael yr amlen doed a ddelo. Doedd dim byd gallai e ei wneud. Dim ond defnyddio amser efallai, gan obeithio byddai rhywbeth yn digwydd neu rywun yn dod o rywle i'w hachub nhw. Ond doedd dim llawer o obaith o hynny, chwaith.

Dechreuodd brotestio mewn llais uchel, penderfynol.

"Amlen ? Wyddon ni ddim byd am unrhyw amlen. Am beth rydych chi'n sôn, ddyn ? Pam rydych chi'n ein dilyn ni fel hyn ? Rydyn ni wedi blino arnoch chi a'ch gynnau. Does dim hawl gennych chi i fygwth dau berson diniwed sy'n gwneud dim byd ond ceisio mynd i Eisteddfod Aberceri. Wnewch chi symud y gwn yna os gwelwch yn dda ? Fe fydd rhaid i mi brotestio wrth yr heddlu."

Fe chwerthodd y bachgen nes oedd ei gorff yn ysgwyd i gyd. Cymerodd Alwyn un cip cyflym ar y llaw oedd yn dal y gwn. Na, roedd honno'n hollol lonydd.

"Diniwed ? Protestio wrth yr heddlu ? Rydych chi wedi treulio eich diwrnod yn dianc rhag yr heddlu."

Stopiodd y chwerthin yr un mor sydyn ag y dechreuodd ac fe aeth wyneb y bachgen yn galed unwaith eto.

"Dewch, Mistar. Peidiwch â cheisio bod yn glyfar. Does dim pwynt i chi geisio arbed amser. Os nad ydych chi'n mynd i gyd-weithredu, fe fydd rhaid i mi eich gorfodi chi, dyna'i gyd."

Fe ddaeth hanner gwên i wyneb y bachgen.

"Byddwch yn gall, Mistar. Mae dyn wedi cael ei ladd. Nid gêm ydy hyn. Rydych chi yn y busnes yma i fyny at eich clustiau. Mae llofruddiaeth wedi digwydd. Does dim tosturi bellach. Dewch, yr amlen plîs."

Fe ddaeth y gwn yn nes, ac fe dynhaodd y bysedd ar y triger. Gollyngodd Nest un waedd fach wan o ofn wrth iddi hi weld y penderfyniad creulon yn llygaid y bachgen.

Roedd meddwl Alwyn yn gweithio'n gyflym. Roedd hi'n amlwg fod yr amlen yma'n bwysig—ac yn beryglus i rywun. Roedd rhaid iddo fe ei chadw hi a'i rhoi hi i'r bobl iawn neu fe fyddai rhywun yn dioddef. Roedd un wedi cael ei ladd yn barod. Nhw fyddai nesa efallai. Ond pwy oedd y bobl iawn ? Beth oedd yn yr amlen ? Sut roedden nhw'n mynd i'w chadw hi ? Sut roedd e'n mynd i gael y stori at ei bapur ?

Yn sydyn, fe saethodd llaw chwith y bachgen allan a tharo Nest yn galed ar draws ei hwyneb. Rhoddodd hithau sgrech ac fe welodd Alwyn waed ar ei hwyneb lle roedd modrwy arian y bachgen cloff wedi agor croen ei boch. Ar unwaith, cododd ei ddwylo i daro'r cnaf. Roedd ei holl gorff yn llawn dial a chasineb at y bachgen yma oedd yn gallu taro merch ddi-amddiffyn. Ond roedd y gwn yn ei asennau a llygaid tywyll y bachgen yn fflachio mellt.

"Mistar, rydych chi'n cymryd gormod o amser. Oes arnoch chi eisiau gweld eich cariad yn dioddef ? Waith hi fydd yn dioddef, ac fe gewch chi wylio. Dewch. Fe rof i un siawns eto i chi. Yr amlen . . ."

Edrychodd Alwyn o'i gwmpas yn wyllt. Oedd yna rywbeth

y gallai e gydio ynddo i'w amddiffyn ei hun ? Rhywbeth ? Doedd dim yn y lorri ond dodrefn mawr trwm. Chai e byth ddigon o amser i gyrraedd y rheiny. Fe gaeodd ei ddyrnau mewn anobaith . . . Wrth gwrs ! Roedd un siawns denau eto ! Pe bai e'n gallu tynnu sylw'r bachgen am un eiliad . . .

Roedd Alwyn wedi cofio am y bocs matsys yn ei law. Dyna'r unig arf oedd ganddo fe. Arf bach gwan mae'n wir, ond o leiaf roedd ganddo fe rywbeth.

"O'r gorau. Chi sy'n ennill," meddai fe. "Dim ond i chi addo gadael llonydd i Nest, fe gewch chi'r amlen."

Cododd Alwyn ei ddwylo at boced frest ei siaced i nôl yr amlen. Roedd y bachgen yn gwylio ei ddwylo yn ofalus. Yna, fel fflach, fe daflodd Alwyn y bocs matsys â'i holl egni. Rhodd-odd y bachgen waedd o boen wrth i gornel siarp y bocs daro ei lygad chwith. Ac ar yr un eiliad, llamodd Alwyn am y bachgen a tharo ei fraich nes i'r gwn neidio i'r awyr a disgyn yn swnllyd ar lawr pren y lorri. Rhoddodd un ergyd galed i'r bachgen yn ei fol nes oedd e'n gwingo mewn poen ar lawr. Neidiodd Alwyn arno a chydio yn ei freichiau a'u troi nhw y tu ôl i'w gefn.

"Brysia, Nest. Mae rhaff yn hongian ar gefn y drws. Tyrd â hi yma."

Roedd y cyfan wedi digwydd mor sydyn, doedd Nest ddim yn gallu coelio. Un funud, roedd y bachgen yn dal y gwn yn ei hwyneb hi ac yn ei tharo, a'r funud nesa, roedd Alwyn yn ei ddal ar ei hyd ar lawr.

"Y rhaff, Nest."

Aeth Nest i nôl y rhaff a'i chario hi at Alwyn.

"Dal y gwn arno fe tra bydda i'n ei glymu fe. Os gwnaiff e unrhyw beth ddylai fe ddim, saetha."

Ond doedd y bachgen byth wedi cael ei wynt yn ôl ar ôl ergyd Alwyn, ac mewn chwinciad, roedd e wedi cael ei glymu law a throed. Gwthiodd Alwyn sgarff Nest i'w geg rhag iddo weiddi ar y gyrrwr am help . . .

BETH NAWR ?

"BETH nawr, Alwyn ? Allwn ni byth ddianc o'r lorri yma.
Mae'r gyrrwr yn un o griw'r bachgen cloff, mae hynny'n
amlwg. Ac mae'r drysau wedi cael eu bario o'r tu allan. Sut
yn y byd rydyn ni'n mynd i'w hagor nhw ?"

"Wn i ddim, wir, Nest. Mae hi'n edrych yn eitha du arnon
ni. Ond wyt ti'n iawn ? Fe ddylwn i fod wedi hanner lladd yr
hen gorgi bach yma am dy daro di fel yna. Oni bai ei fod e'n
gloff, mi . . ."

"Na, gad lonydd iddo fe. Rydw i'n iawn."

Fe deimlodd Nest ei boch â'i llaw. Doedd hi ddim yn
gwaedu nawr.

"Reit. Pasia'r dorts yna i mi. Rydw i'n mynd i edrych o
gwmpas y lorri yma."

Fflachiodd Alwyn olau'r dorts o gwmpas y lorri. Dodrefn,
bocsys, sachau, rhaffau. Doedd dim un twll na ffenest yn
un man. A doedd dim byd gallai e ei ddefnyddio i agor y drws
chwaith.

"Oes yna rywbeth yn y to, Alwyn ?"

Cododd Alwyn y dorts tua'r to. Yn araf bach, fe symudodd
e'r golau melyn ar hyd y metel.

"Oes, Alwyn. Mae yna rywbeth fan yna. Edrych !"

Symudodd Alwyn y golau 'nôl eto.

"Ble, Nest ?"

"Fan yna. Dal y golau'n llonydd. Weli di sgwâr bach yn y
to ?"

"Gwela, Nest. Rwyt ti'n iawn. Mae yna ffenest fach yna.
Mae hi wedi cael ei pheintio'r un lliw â'r to. Ond ydy hi'n
ddigon mawr i ni ddringo allan ? Sut rydyn ni'n mynd i'w
chyrraedd hi ?"

"Y bocsys Alwyn. Mae rhaid i ni symud y bocsys draw o
dan y ffenest a dringo i fyny."

"Reit. Tyrd. Helpa fi i'w llusgo nhw draw."

27

Fe osododd Alwyn a Nest y bocsys un ar ben y llall. Trwy lwc, roedd tri ohonon nhw'n wag ac yn ddigon ysgafn iddyn nhw allu eu codi nhw. Roedd pedwar bocs yn ddigon i gyrraedd y to.

"Reit. Rydw i'm mynd i ddringo i fyny. Dal y bocs gwaelod yn llonydd."

Fe ddringodd Alwyn yn araf ac yn ofalus nes oedd e'n sefyll ar y bocs uchaf. Roedd y lorri'n siglo yn ôl ac ymlaen wrth iddi hi deithio'n gyflym ar hyd y ffordd, ac fe ofnai Nest y byddai'r bocsys i gyd yn disgyn unrhyw funud ac Alwyn gyda nhw. Ond rywfodd neu'i gilydd, fe lwyddodd e i sefyll ar y top a chydio yn ffrâm y ffenest.

"Ydy, Nest. Mae hi'n ddigon mawr. Fe allwn ni wthio drwyddi hi. Ond does dim clicied arni hi. Dydy hi ddim yn agor."

"Torra hi, Alwyn. Dyna'r unig ffordd allan."

"O'r gorau. Ond, gyda beth ? Does gen i ddim byd digon caled."

"Gwn y bachgen cloff ! Ble mae e ? Fe wnaiff hwnnw'r tro yn iawn. Mae rhaid i ti daflu'r dorts lawr ata i. Mae'r gwn ar y llawr yn rhywle."

Taflodd Alwyn y dorts ac fe lwyddodd Nest i'w ddal e. Fe fflachiodd hi'r golau ar hyd y llawr. A ! Dyna'r gwn yn y cornel. Roedd y bachgen yn gorwedd yn llonydd ac yn ddistaw o hyd.

"Dyma fe. Rydw i'n mynd i sefyll ar y bocs gwaelod. Wyt ti'n gallu cyrraedd y dorts a'r gwn wedyn ?"

Plygodd Alwyn lawr mor bell ag y medrai e heb i'r bocsys i gyd syrthio, ac fe lwyddodd e i gydio yn y dorts ac wedyn yn y gwn o ddwylo Nest.

"Reit. Maen nhw gen i. Nawr, mae rhaid i ti fynd i sefyll i'r cornel rhag ofn i'r gwydr neidio i dy lygaid ti. Wyt ti'n barod ?"

"Ydw."

Fe dorrodd y gwydr yn deilchion wrth i Alwyn ei daro â chledr y gwn. Yn sydyn, llifodd golau dydd i mewn i'r lorri ac fe deimlodd Nest ruthr o wynt ar ei boch. Roedd hi'n braf ei deimlo fe. Roedd awyr y lorri wedi dechrau mynd yn afiach ac yn glos erbyn hyn.

Fe gymerodd llygaid Nest dipyn o amser i'ddod yn gyfar-
wydd â'r golau newydd, a phan oedd hi'n gallu edrych i fyny
at y golau unwaith eto, fe welodd hi fod pen Alwyn allan
drwy'r ffenest.

"Rydyn ni'n dod i mewn i Aberceri Nest. Mae rhaid i ti
ddringo i fyny ata i. Pan fydd y lorri'n stopio, fe ddringwn ni
allan ar y to. Wyt ti'n barod? Bydd yn ofalus !"

Fe lwyddodd Nest i ddringo at yr ail focs. Roedd y bocsys yn
siglo yn ôl ac ymlaen fel pethau gwaligo ac roedd Alwyn i
fyny yn bell uwch ei phen hi o hyd.

"Tyrd. Paid ag edrych lawr. Cydia yn fy llaw i."

Fe edrychodd Nest i fyny. Dyna lle roedd Alwyn yn gwenu i
lawr arni hi ac yn estyn ei law allan i'w helpu. Fe gododd hi
ei braich a gafael yn dyn yn y llaw uwch ei phen. Fe'i
teimlodd ei hun yn cael ei thynnu i fyny yn rhwydd, ac yna
roedd hi'n sefyll wrth ochr Alwyn ac roedd ei fraich yn dyn
amdani hi. Edrychodd hi i'w lygaid e.

"Pam roedd rhaid i mi dy dynnu di i mewn i'r fusnes yma ?
Doedd dim syniad gen i ei fod e mor beryglus. Mae'n ddrwg
gen i Nest," meddai Alwyn yn ddifrifol.

"Paid â phoeni. Fyddwn i ddim wedi gadael i ti ddod ar
dy ben dy hun," atebodd Nest. "Efallai bydda i'n handi
eto !"

Fe chwarddodd y ddau.

"Reit, madam. Fe fydd rhaid i ti fod yn eitha ' handi ' i
ddod allan o'r twll yma. Wyt ti'n barod ? Pan fydd y lorri'n
stopio a'r gyrrwr yn dod allan i agor y drysau, dringa allan o'r
ffenest ac i lawr dros y cab."

"O.K. Capten."

Roedden nhw'n teithio drwy strydoedd prysur ar ymylon
Aberceri. Neuadd y ddinas, y castell, yr orsaf. Lle roedd y
gyrrwr yn mynd ?

Yn sydyn, fe droiodd y lorri i'r dde wrth y goleuadau yn
ymyl yr orsaf. Nawr roedden nhw'n teithio drwy strydoedd
culach, heibio i dai budr, tlawd a'r llenni yn ddu ac yn dyllau
i gyd ar y ffenestri. Tynnodd Alwyn y bwledi allan o wn y
bachgen cloff a'i daflu i lwyn o ddrain wrth ochr y ffordd.

"Mae e'n mynd â ni at y dociau," meddai Alwyn. "Rydw
i'n credu mai Stryd y Brenin ydy hon."

Arafodd y lorri mewn stryd gefn gul a stopio y tu allan i ddrysau llwyd rhyw warws mawr. Roedd waliau uchel bob ochr i'r stryd a doedd dim sôn am neb yn unman.

Daeth y gyrrwr allan o'r cab a cherdded at gefn y lorri.

"Reit, Nest," sibrydodd Alwyn. "Ti sy gynta."

Cydiodd Nest yn ochrau'r ffenest fach gul a'i thynnu ei hun allan ar y to. Llusgodd ei hun yn araf ar ei stumog dros y to nes cyrraedd yr ymyl, un naid ac roedd hi ar ben y cab uchel. Naid arall ac roedd hi'n ddiogel ar lawr. Mewn eiliad roedd Alwyn wrth ei hochr hi.

"Ta ta, lorri Dodd," meddai fe. "Feddyliais i ddim bydden ni'n dianc o honna yn fyw ac iach. Nawr te. Rhed, cyn i'r gyrrwr weld y bachgen cloff !"

UN EILIAD ARALL . . .

Roedd Nest ac Alwyn wedi cyrraedd pen y stryd cyn iddyn nhw glywed gwaedd y gyrrwr.

"Mae e wedi gweld ein bod ni wedi dianc. I'r chwith fan yma. Brysia ! Cyn iddo fe ein gweld ni."

Lawr y stryd â nhw. Dim ond stordai mawr a waliau uchel oedd yn hon eto. Ond yn y pen draw roedden nhw'n gallu gweld stryd brysur a phobl yn cerdded 'nôl ac ymlaen a bysys yn mynd heibio.

"Tyrd ! Rhed i ben y stryd. Fe fyddwn ni'n ddiogel yno."

Roedden nhw tua hanner ffordd i lawr y stryd gul pan droiodd car i mewn iddi hi. Car mawr llydan Americanaidd oedd e ac roedd e'n dod yn gyflym.

"Cadw yn dyn yn erbyn y wal, Nest. Mae digon o le iddo fe basio."

Gwasgodd y ddau yn glos yn erbyn y wal. Daeth y car yn nes yn gyflym.

"Alwyn, dydy e ddim yn arafu. Dydy e ddim wedi ein gweld ni !"

"Ydy, mae e wedi ein gweld ni'n ddigon sicr. Ond mae e'n dod amdanon ni !"

"Beth ? Alwyn, rwyt ti'n iawn. Mae e'n gyrru amdanon ni. Beth wnawn ni ?"

"Oes drws yn rhywle ? Edrych, yn gyflym."

Ond roedd drysau'r stordai i gyd ar gau ac roedd barrau mawr arnyn nhw. Ac roedd y car yn taranu amdanyn nhw. Roedd e hanner canllath i ffwrdd. Ugain llath !

"Yr ysgol haearn yna yn y wal, Alwyn. I fyny honna. Tyrd !"

Dringodd Nest yr ysgol ddau gam ar y tro. Chafodd Alwyn ddim amser i wneud dim ond cydio yn y chweched gris a thynnu ei goesau i fyny wrth i yrrwr y car droi'r llyw a gyrru'r car yn syth amdano fe. Fe darodd ffrynt y car yr ysgol ac fe

31

grafwyd ei ochr o'r ffrynt i'r cefn. Neidiodd y car oddi ar y wal a tharo'r wal yr ochr draw. Trodd y gyrrwr y llyw eto ac fe sythodd y car a gwibio ymlaen i ben pella'r stryd.

"Whiw ! un eiliad arall ac fe fyddwn i mor fflat â'r wal yna."

"Alwyn ! Mae'r car yn troi. Mae e'n dod 'nôl !"

Edrychodd Alwyn tua phen y stryd. Oedd, roedd y car wedi troi. Roedd e'n taranu lawr amdanyn nhw unwaith eto.

"Mae rhywun yn benderfynol o gael yr amlen yna—' dead or alive ' ! I fyny Nest. Dos i fyny'r ysgol ! Dyna'r unig siawns."

Dringodd Nest i fyny'r ysgol a'i thynnu ei hun ar y to. Roedd Alwyn wrth ei sawdl hi. Oddi tanon nhw, fe stopiodd y car a daeth dau ddyn allan. Doedd dim amser i edrych yn iawn arnyn nhw, ond roedd Alwyn yn siŵr na welodd e monyn nhw erioed o'r blaen. Dechreuodd y ddau ddringo'r ysgol.

Roedd Nest wedi dechrau rhedeg ar draws y to fflat.

"Tyrd ! Y ffordd yma," gwaeddodd hi ar Alwyn.

Fe ddaethon nhw at ymyl y to. Rhyngddyn nhw a'r to nesaf, roedd bwlch o ryw wyth troedfedd, a'r tu ôl iddyn nhw, roedd y ddau ddyn yn dod yn nes ac yn nes.

"Wyt ti'n fodlon neidio, Nest ?" gofynnodd Alwyn, a'i wynt yn ei ddwrn.

"Does gen i ddim llawer o ddewis, oes e ?" atebodd Nest, a rhoi cip dros ei hysgwydd ar y ddau ddyn. "Tyrd !"

Fe safodd hi 'nôl gam neu ddau, yna rhedeg a rhoi naid fawr dros y bwlch. Glaniodd ar ei thraed a'i dwylo yr ochr draw ac mewn eiliad roedd Alwyn wrth ei hochr hi.

"Da iawn, 'merch i. Fe gei di wobr Dug Caeredin am hyn !" meddai fe. "Tyrd. Does dim amser i edmygu dy wrhydri."

Erbyn i'r ddau ddyn gyrraedd y bwlch cynta, roedd Nest ac Alwyn wedi cyrraedd ymyl yr ail do. Edrychodd Alwyn 'nôl. Roedd y ddau ddyn yn ofni neidio. Fe welodd Alwyn fod y ddau yn dew ac mai coesau byr oedd ganddyn nhw. Fe fyddai hi'n dipyn o gamp iddyn nhw neidio'n ddiogel dros y dyfnder o'u blaenau nhw.

"Alwyn ! Mae'r bwlch yma'n llawer mwy llydan. Alla i byth neidio dros hwn."

Fe drodd Alwyn i edrych. Oedd, roedd y bwlch yma rhyw ddeuddeg troedfedd o led. Fe fyddai hi'n amhosibl neidio.

"Oes yna rywbeth gallwn ni ei roi dros y bwlch ? Chwilia ! Yn gyflym !"

"Beth am un o'r darnau sinc ar y to, Alwyn ? Oes modd tynnu un o'r rheiny'n rhydd ?"

"Fe gawn ni weld nawr. Tyrd. Cydia yn y gwaelod ac fe gydia i yn y top. Reit. Tyn ! Ydy e'n symud ?"

"Ydy. Mae'r gwaelod yn rhydd, Alwyn."

"Tyrd i helpu'r pen yma, Nest. Dydy hwn ddim yn symud o gwbl."

"Oes rhywbeth gennyt ti i'w daro fe ? Fe allwn ni ei gnocio fe'n rhydd efallai."

"Nac oes. Does dim byd gen i yn fy mhoced. Aros ! Oes ! Y gwn ! Y gwn gymerais i wrth y bachgen cloff yn y stafell aros. Fe daflais i'r llall ond mae hwn gen i o hyd, diolch byth ! Reit. Rydw i'n mynd i'w gnocio fe'n rhydd o'r gwaelod. Cadw di lygad ar y ddau ddyn yna."

Dechreuodd Alwyn daro'r sinc yn rhydd o'r gwaelod gyda chledr y gwn. Roedd y ddau ddyn yn dal i betruso ar ochr bella'r bwlch.

Yn sydyn, dyna un ohonyn nhw'n neidio.

"Brysia Alwyn ! Mae un ohonyn nhw wedi neidio. Tyrd. Neu fe fydd hi'n rhy hwyr."

Roedd y sinc yn rhydd. Cydiodd Alwyn ynddo fe yn ei freichiau a'i lusgo draw at y bwlch. Yna, fe'i taflodd e â'i holl nerth. Fyddai e'n ddigon hir ? Daliodd y ddau eu hanadl nes i ymyl y sinc syrthio ar ochr bella'r bwlch. Oedd, roedd e'n cyrraedd yr ochr draw. Diolch am hynny !

"Brysia ! Croesa di gynta," meddai Alwyn. "Yn ara bach, cofia. Dydy e ddim yn gryf iawn."

Doedd Nest ddim yn mentro edrych i lawr wrth iddi hi groesi. Aeth yn ofalus ac yn araf ar ei phen-gliniau gan gydio yn nwy ochr y sinc â'i dwylo. Fyddai hi'n cyrraedd yr ochr draw o gwbl ? Roedd y bwlch yn lletach nag oedd hi wedi meddwl.

O'r diwedd, fe deimlodd hi ymyl y to o dan ei llaw. Cyn gynted ag oedd hi'n sefyll yr ochr draw, fe ddechreuodd Alwyn groesi. Pan oedd e'n rhoi ei droed ar y to yr ochr draw, dyma'r dyn yn cyrraedd y bwlch. Fe stopiodd e am eiliad, ac yna dechreuodd redeg dros y sinc i gyrraedd Alwyn a Nest.

Parhaodd y waedd am ryw ddwy eiliad wedi i'r dyn fynd o'r golwg. Daeth ergyd uchel wrth i'r metel daro'r ddaear, ac yna distawrwydd mawr. Safai'r dyn arall wedi ei syfrdanu ar y to cynta am eiliad. Yna fe drodd ar ei sawdl a rhedeg 'nôl at yr ysgol a dringo lawr at y car.

LWC ?

"Tacsi," gwaeddodd Alwyn.

Arafodd y tacsi ac fe ddringodd Nest ac Alwyn i mewn yn flinedig.

"Ewch o amgylch y ddinas am ychydig," meddai Alwyn wrth y gyrrwr. Roedd rhaid iddyn nhw gael amser i siarad ac i benderfynu beth i'w wneud nesa.

Eisteddodd y ddau 'nôl yn y seddau cyffyrddus. Roedd hi'n braf bod yn ddiogel am ychydig. Ond beth fyddai'n digwydd nesa ? Roedd hi'n amhosibl gwybod.

"Wyt ti'n meddwl fod y ddau yna ar y to yn perthyn i gang y bachgen cloff ? Neu oes yna ryw gang arall ?" gofynnodd Alwyn. "Rydw i'n credu fod yna fwy nag un gang ar ôl yr amlen yma—dwy efallai. Ac mae'r ddwy yn benderfynol o'i chael hi. Dydy ein bywydau ni na neb arall ddim yn bwysig yn y gêm yma. Rydyn ni'n lwcus iawn ein bod ni'n fyw."

"Alwyn, beth wnawn ni â'r amlen ? Mae dau wedi cael eu lladd nawr, ac fe fu'r ddau ddyn ar y to bron â'n lladd ni. Mae'n well i ni gael gwared o'r amlen. Mae digon o stori gennyt ti i'r *Llais* erbyn hyn."

"Ie, rwyt ti'n iawn. Mae'n well mynd â'r amlen i Stryd y Castell. Ond mae rhaid i ni gael gwybod pam mae'r gangiau yma ar ei hôl hi. Rydyn ni wedi dod mor bell â hyn. Mae rhaid i ni gael gwybod y cyfan nawr."

"Ond pwy sy'n perthyn i ba gang, Alwyn ? Mae ofn arna i erbyn hyn. Y bachgen cloff, gyrrwr y lorri ddodrefn, y ddau yna ar y to—a'r dyn yn y trên. Pwy ydy pwy ?"

"Wel, does dim ond un ffordd o gael gwybod. Fe af i i ffau'r llewod—i Stryd y Castell. Yno roedd y dyn bach ar y trên yn mynd â'r amlen, felly mae un gang yno siŵr o fod. Wedyn roedd rhywrai yn ceisio cael yr amlen oddi wrth y dyn yn y trên. Y bachgen cloff efallai. Wn i ddim. Wel, mae'n bosibl bydd y bachgen cloff yn yr Eisteddfod. Fe ddwedson ni wrtho fe yn y lorri bydden ni'n mynd yno. Efallai bydd e'n chwilio amdanon ni. Cer di yno a'i ddilyn e i lle bynnag bydd e'n mynd. Ond gofala na fydd e ddim yn dy weld ti. Pan fyddi di'n gwybod lle mae canolfan ei gang e, tyrd i Stryd y Castell i ddweud wrtha i. Fe fyddwn ni'n deall mwy am y dirgelwch wedyn."

"Ond beth am y ddau ddyn ar y to—wel, yr un sy ar ôl ?"

"Does gennyn ni ddim syniad lle mae dechrau chwilio amdano fe, oes e ? Efallai bydd e gyda'r bachgen cloff. Bydd yn ofalus."

"Reit Alwyn. Ond mae'n anodd bod yn ofalus a chymaint o bobl yn benderfynol o fy lladd i. Pe baen ni'n gallu mynd at y polîs . . ."

"Hei ! A sôn am y polîs . . ." gwaeddodd y gyrrwr o'r tu blaen yn sydyn. "Mae yna gar polîs mawr yn ein dilyn ni ers ugain munud. Mae'r diawlaid yn ceisio fy nal i. Does gen i ddim trwydded. Ydych chi'n fodlon i mi geisio eu colli nhw ?"

Fe drodd Nest ac Alwyn i edrych allan drwy'r ffenest ôl. Ie, car polîs a dau blisman ynddo fe. Ar ôl gyrrwr y tacsi roedden nhw ? Nage, fwy na thebyg.

"Daria, roeddwn i wedi anghofio fod y polîs hefyd ar ein holau ni," sibrydodd Alwyn. "Sut yn y byd maen nhw wedi dal i fyny â ni nawr ?" Fe drodd e i weiddi ar y gyrrwr.

"Ie, collwch nhw os gallwch chi."

Aeth y tacsi i ochr chwith y ffordd wrth y goleuadau nesaf ac fe stopiodd lorri fawr uchel wrth ei hochr hi. Daeth y car polîs i sefyll y tu ôl i'r tacsi. Rhoddodd gyrrwr y tacsi arwydd ei fod e'n mynd i droi i'r chwith.

Gwyliodd Alwyn y golau'n newid i felyn ac yna i wyrdd. Gwthiodd y gyrrwr y lifar i'r gêr cyntaf a gollwng y ' clutch ' yn ffyrnig, ac fe neidiodd y tacsi ymlaen ar wib gwyllt. Trodd y gyrrwr yr olwyn i'r dde â'i holl nerth ac fe wibiodd y tacsi ar draws y ffordd reit o flaen olwynion blaen y lorri. Daliai Alwyn a Nest yn dynn yn y strapiau ar ddrws y tacsi. Roedd bws yn dod yn syth amdanyn nhw o'r cyfeiriad arall ! Caeodd Nest ei llygaid. Gwasgodd y gyrrwr yn drymach ar y petrol ac fe neidiodd y tacsi ymlaen ar draws llwybr y bws. Doedd dim posibl iddyn nhw osgoi damwain ! Roedd Nest yn disgwyl clywed y glec wrth i'r bws eu taro nhw. Ond ddaeth dim clec. Agorodd Nest ei llygaid. Roedd y bws ymhell y tu ôl iddyn nhw ac roedd sŵn cyrn yn canu dros bob man. Roedd y traffig wrth y goleuadau i gyd wedi stopio.

Yn sydyn, fe glywson nhw sŵn un corn uwch na'r lleill i gyd— sŵn seiren y car polîs. Gwibiodd y car mawr gwyn o amgylch y bws, a'r golau glas ar ei do yn troi'n gyflym, ac mewn eiliad roedd e'n taranu lawr y ffordd ar ôl y tacsi.

"Dratia ! Maen nhw ar fy nghynffon i o hyd. Roeddwn i'n meddwl byddwn i wedi cael gwared ohonyn nhw 'nôl fan yna. Lle mae mynd nawr ?"

Symudai bys cloc y tacsi 'nôl ac ymlaen ar y marc chwe deg wrth iddyn nhw wibio fel pethau gwyllt heibio i draffig ara y ddinas heb gymryd sylw o olau coch na phlisman na dim. Roedd y car polîs yn dyn ar eu sodlau nhw a'i sgrech yn atseinio drwy'r strydoedd o amgylch.

Wrth iddyn nhw wibio drwy stryd fach gul yn ymyl yr orsaf fe ddaliodd rhywbeth sylw Nest yn sydyn. Lorri fawr las ! Dim ond un gair welodd hi ar y lorri—Dodd—ac yna roedden nhw wedi pasio fel fflach. Fe drodd Nest i edrych drwy'r ffenest ôl. Roedd y lorri wedi symud allan o'r stryd gul eiliad wedi iddyn nhw basio, ac roedd hi wedi dechrau croesi'r ffordd fawr. Fe welai Nest y geiriau ' Dodd, Y Dyn Dodrefn ' yn glir ar ei hochr hi.

Yn sydyn, fe stopiodd y lorri yng nghanol y ffordd fawr. Fe glywyd sŵn sgrechian brêcs uchel. Gwibiodd y tacsi ymlaen ar hyd y ffordd fawr. Roedd Alwyn a Nest yn dal i edrych drwy'r ffenest gefn yn disgwyl i'r car polîs ymddangos eto o'r tu ôl i lorri Dodd. Ond doedd dim sôn am y car. Roedd hi'n amhosibl i ddim basio'r lorri fawr oedd ar draws y ffordd.

Fe drodd y tacsi yn sydyn i'r dde ac yna i'r chwith a gyrru i mewn i garej fawr wag.

"Reit. Allan â chi, yn gyflym. Fe fydd rhaid i mi guddio'r tacsi yma am rai diwrnodau. Punt yw'r tâl."

Fe dalodd Alwyn yr arian.

"Lwc i'r lorri yna stopio fel gwnaeth hi. Dydy'r boi bach oedd yn gyrru ddim yn gwybod gymaint o gymwynas wnaeth e ! Fe fyddai hi ar ben arnon ni onibai am y digwyddiad bach yna."

Fe edrychodd Nest ac Alwyn ar ei gilydd. Lwc ? Roedd lorri Dodd yn y lle iawn ar yr amser iawn. Lwc oedd hynny ? Neu a oedd y bachgen cloff a gyrrwr y lorri am wneud yn siŵr nad oedd y polîs ddim yn cael y llythyr ? Roedd pethau rhyfedd yn digwydd heddi . . .

FE FYDDA I REIT Y TU ÔL I CHI

ROEDD seremoni coroni'r bardd newydd orffen pan gyr-
haeddodd Nest Eisteddfod Aberceri. Fe aeth hi i mewn trwy'r
drws yng nghefn y llwyfan gan ddangos tocyn Y Wasg. Roedd
bwrdd bach i bobl Y Wasg y tu ôl i'r llenni wrth ochr y llwyfan.
Aeth Nest i eistedd wrtho fe. Fe fyddai hi'n gallu cadw golwg
ar y gunulleidfa oddi yma ond fyddai neb yn y gynulleidfa yn
gallu ei gweld hi.

Daeth y cystadleuwyr i'r llwyfan un ar ôl y llall i ganu ac i
adrodd a dawnsio ond doedd Nest ddim yn cymryd fawr o
sylw ohonyn nhw. Roedd hi ar ganol stori llawer pwysicach
na stori Eisteddfod Aberceri erbyn hyn. Ac i feddwl mai ar ei
ffordd i sgrifennu hanes yr Eisteddfod roedd hi pan gych-
wynnodd hi o'r fflat y bore 'ma !

Rhedai ei llygaid yn gyflym dros y rhesi o seddau o'i blaen.
Edrychodd yn ofalus ar bob wyneb. Ond doedd y bachgen
cloff ddim yn y gynulleidfa. Wel, doedd dim llawer o siawns
byddai e'n dod o gwbl.

Edrychodd Nest ar ei wats am y tro cyntaf ers y bore.
Hanner awr wedi pump. Beth oedd yn digwydd i Alwyn
nawr, tybed ? Pwy oedd yn Stryd y Castell ?

Aeth awr heibio ac roedd Nest bron â chysgu yn ei chadair.
Roedd helyntion y dydd yn dechrau cael effaith erbyn hyn.
Synnai Nest ei bod hi'n gallu cadw'n effro o gwbl. Edrychodd
yn ofalus eto dros y gynulleidfa. Na, doedd dim sôn am y
bachgen cloff.

Roedd eisiau bwyd arni hi nawr. Cwpanaid o goffi a bisged.
Doedd hi ddim wedi cael dim i'w fwyta ers y bore. Allai hi
fentro rhedeg lawr i'r lle bwyd i brynu rhywbeth ? Fyddai hi'n
colli'r bachgen cloff ?

Na, dwy funud fyddai hi. Allai e ddim dod i mewn, chwilio
a mynd allan eto mewn dwy funud. Fe benderfynodd hi fentro.

Aeth Nest allan i'r coridor y tu ôl i'r llwyfan. Roedd bwyd

mewn stafell fach y tu ôl i'r neuadd fawr. Cerddodd at y cownter. Roedd rhes o bobl yn disgwyl eu tro ac fe gymrodd Nest ei lle yn y rhes gan obeithio byddai pawb yn symud yn gyflym.

Yn sydyn, fe glywodd hi lais y tu ôl iddi hi.

"Peidiwch â gwneud sŵn. Cerddwch yn dawel ac yn naturiol at y drws ac allan i'r ffordd fawr. Fe fydda i reit y tu ôl ichi."

Aeth ias lawr ei chefn. Y bachgen cloff ! Roedd hi wedi bod yn rhy araf. A nawr roedd rhywbeth caled yn pwyso yn erbyn asgwrn ei chefn hi. Gwn ?

Dechreuodd Nest gerdded yn hamddenol tua'r drws. Doedd dim pwynt ceisio tynnu sylw neb. Fyddai neb byth yn coelio ei stori hi.

Y tu allan, roedd car yn aros, ac yn sedd y gyrrwr, yn wenau i gyd, eisteddai Dodd, y dyn dodrefn.

"Neis i gwrdd â chi eto, Miss," meddai fe'n boleit wrth Nest.

"Tyrd. Does dim amser i fod yn boleit," meddai'r bachgen cloff yn fyr a gwthio Nest i sedd gefn y car. Dringodd i mewn wrth ei hochr hi a chau'r drws.

Ddywedodd neb ddim un gair bob cam o'r daith. Arhosodd y car mewn stryd eithaf llewyrchus. Roedd adeiladau mawr tal bob ochr i'r ffordd a thawelwch llonydd y tu ôl i'r llenni 'venetian' ar y ffenestri. Swyddfeydd, meddyliodd Nest. Wel, fe fyddai rhywun yn siŵr o glywed pe bai hi'n sgrechian.

Fe'i gwthiwyd hi allan o'r car ac fe ddilynodd y bachgen cloff a'r gyrrwr. Roedd y metel caled yn gwasgu ar ei hasgwrn cefn hi unwaith eto.

"Y drws yna," meddai'r bachgen cloff gan bwyntio at ddrws du.

Edrychodd Nest yn syn ar y geiriau ar y drws.

CANOLFAN Y MUDIAD RHYDDID.

DWEUD Y GWIR

AETH Nest i mewn trwy'r drws ac i fyny grisiau serth di-garped.
Roedd y bachgen cloff a'r gyrrwr yn dyn wrth ei sodlau hi.

Ar ben y grisiau, roedd dau ddrws yn wynebu'i gilydd.
' Ymholiadau ' oedd ar un a ' Pennaeth ' ar y llall.

"Wel, mae gen i ddigon o bethau i holi amdanyn nhw 'ta
beth," meddai Nest wrthi hi ei hun. "Oes, digon."

Ond at y drws â'r gair ' Pennaeth ' arno fe yr aeth y bachgen
cloff. Curodd ar y drws ac fe alwodd llais tawel o'r tu mewn,
"Dewch i mewn."

Gwthiodd y bachgen y drws ar agor a gyrru Nest o'i flaen i
mewn i'r stafell.

Stafell fawr olau oedd hi ac roedd ffenest fawr yn y wal bella.
O dan y ffenest, roedd desg dderw a phapurau a llyfrau yn
domenni taclus arni hi. Roedd mapiau mawr o Gymru ar y
wal a phosteri yn cyhoeddi ' Ymunwch â'r Mudiad Rhyddid
i Achub Cymru '.

Y Mudiad Rhyddid ? Doedd Nest ddim yn gallu deall y
peth. Pobl dda a pharchus oedd yn perthyn i'r Mudiad
Rhyddid. Doedden nhw ddim yn torri'r gyfraith nac yn
cario gynnau. Pobl oedd yn gweithio'n dawel heb lawer o
ddiolch oedden nhw, ac o'r diwedd roedd eu gwaith yn
dechrau dwyn ffrwyth. Roedd y Mudiad yn dechrau llwyddo.
Pam, felly, roedd y bachgen cloff yn dod yma ? Beth oedd ei
gysylltiad e â'r Mudiad ? Oedd e wedi lladd y dyn yn y trên ?

Fe gododd dyn o'r tu ôl i'r ddesg. Dyn tal oedd e a gwallt
gwyn fel yr eira ganddo fe. Roedd golwg garedig ar ei wyneb.
Llywelyn Bowen, Pennaeth y Mudiad Rhyddid ! Fe deimlai
Nest yn hapusach cyn gynted ag y gwelodd hi'r dyn golygus
yma. Roedd hi'n siŵr na fyddai hwn ddim yn gwneud niwed
iddi hi beth bynnag. Fe deimlai hi'n sâff am y tro cynta ers
iddi gwrdd ag Alwyn ar y stesion y bore hwnnw.

"Dyma un ohonyn nhw, syr," meddai'r bachgen cloff. "Roedd hi'n chwilio am rywun yn yr Eisteddofd—am ei phartner efallai. Wn i ddim lle mae hwnnw."

"Diolch, Cyril. Rydych chi wedi gwneud yn dda iawn," meddai'r dyn a'r gwallt gwyn. "Mae'n well i chi sefyll wrth y drws rhag ofn iddi hi geisio dianc."

Fe drodd e at Nest ac roedd golwg bryderus ond penderfynol yn ei lygaid.

"Nawr, fy merch i. Rydyn ni'n gwybod fod yr amlen yna gennych chi neu eich ffrind. Mae rhywbeth yn yr amlen yna fydd yn gallu gwneud niwed mawr i'r Mudiad yma—fel rydych chi'n gwybod mae'n siŵr. Ac rydyn ni'n benderfynol o gael yr amlen."

Fe gerddodd y Pennaeth yn nes at Nest. Roedd e'n sefyll yn union o'i blaen hi.

"Wrth gwrs, fe wyddon ni nad ydy dyfodol y Mudiad Rhyddid yn golygu fawr ddim i chi. Arian yn unig sy'n cyfri i chi. Mae rhaid fod Mr. Basil wedi talu arian mawr i chi am ddwyn yr amlen yna. Wel, rydyn ni'n fodlon talu amdani hi. Unrhyw swm enwch chi."

Fe edrychodd Nest yn syn arno fe.

"Mr. Basil ? Dydw i ddim yn adnabod Mr. Basil."

"Wel, pwy bynnag oedd yn talu i chi drosto fe."

"Ond, dydw i ddim yn deall. Does neb wedi talu dim i ni. Rydyn ni'n gwneud cymwynas â dyn gwrddodd Alwyn ar y trên, ac yn chwilio am stori."

Oedd hi'n dweud gormod ? Fyddai'n well iddi hi gadw'n dawel ? Na, dweud y gwir oedd orau iddi hi. Doedd dim byd arall i'w wneud.

Daeth llais y bachgen cloff o ymyl y drws.

"Mae hi'n dweud celwydd, syr. Nhw laddodd Doctor Goronwy. Ac maen nhw'n glyfar. Maen nhw wedi fy nhwyllo i ddwy waith. Na, maen nhw'n gweithio i Mr. Basil, coeliwch chi fi."

"Lladd !" Fe glywodd Nest ei llais ei hun yn bloeddio dros y stafell. "Lladd ! Pa hawl sy gennych chi i ddweud hynna ? Chi laddodd y dyn yn y trên. Ac fe wnaethoch chi'ch gorau i'n lladd ni yn y lorri. A beth am y ddau yna geisiodd ein lladd ni â'r car ?"

"Arhoswch ! Arhoswch fy merch i. Gadewch i mi ddeall beth rydych chi'n ei ddweud. Ydych chi'n dweud mai Cyril yma laddodd Doctor Goronwy yn y trên ? Wel, mae hynny'n amhosibl. Doedd Cyril ddim ar y trên. Chi a'ch cyfaill oedd ar y trên."

"Na, doeddwn i ddim yno. Alwyn oedd yno. Ac fe ofynnodd y dyn iddo fe fynd ag amlen i Aberceri. Yna fe laddodd rhywun y dyn pan aeth y trên i dwnel."

Fyddai'r dyn yma'n ei choelio hi ? Fe deimlai Nest fod popeth yn dibynnu ar hynny.

"Ond, felly, pam roeddech chi'n dianc oddi wrth y polîs ?"

"Wel, mae hynny'n amlwg. Fe fyddai'r polîs fel chi, yn meddwl mai Alwyn laddodd y dyn. Ac roedd Alwyn yn meddwl fod stori dda yma i'r *Llais*. Roedd e'n iawn, mae'n amlwg !"

"Cofiwch, mae hi'n glyfar, syr. Mae hi'n eich twyllo chi unwaith eto. Mae hi'n gweithio i Mr. Basil."

"Arhoswch, Cyril. Mae'n bwysig i ni gael y gwir. A dim ond y ferch yma all ein helpu ni nawr. Dwedwch wrtha i, Miss. Pam roeddech chi'n mynd i'r fath drafferth i ddianc rhag Cyril yma bob tro os nad oeddech chi'n gwybod beth oedd yn yr amlen ?"

"Wel, roedden ni'n meddwl mai Cyril oedd y llofrudd a'i fod e'n ceisio dwyn yr amlen—a'n lladd ni hefyd."

"Ie, wel." Edrychodd y Pennaeth ar Cyril. "Fe gafodd Cyril orchymyn i gael yr amlen doed a ddelo."

"Roedd hi'n amlwg nawr fod rhywbeth pwysig iawn yn yr amlen. Ac roedd Alwyn wedi addo mynd â hi i Aberceri. Mae Alwyn bob amser yn cadw ei addewidion."

"I ble yn Aberceri ? Fe ddywedodd Doctor Goronwy wrthych chi am ddod â hi yma mae'n debyg. Roedd e'n dod â'r amlen aton ni yma. Pam na ddaethoch chi yma'n syth ?"

"O, na. Nid yma. I Stryd y Castell ddywedodd e. Rhif deg, rydw i'n credu."

Fe edrychodd Cyril a'r Pennaeth ar ei gilydd, ac fe aeth wyneb y Pennaeth mor wyn â'r galchen.

"Rhif deg, Stryd y Castell ? Swyddfa Mr. Basil !" meddai'r bachgen cloff yn ddistaw. "Ond pam ? Pam roedd Doctor

Goronwy wedi ein bradychu ni ? Doctor Goronwy o bawb ! Roedd e'n mynd â'r amlen at Mr. Basil."

Fe welodd Nest eu bod nhw'n coelio ei stori hi. Wel, roedd hi'n hen bryd iddyn nhw. Roedd hi wedi cael digon ar eu chwarae plant nhw. Ac roedd ganddi hi rai cwestiynau i'w gofyn hefyd.

"Ond pam roeddech chi'n ein hachub ni rhag y polîs ?" Fe bwyntiodd hi at y gyrrwr oedd yn sefyll yn y cornel. "Fe lwyddodd eich gyrrwr chi a'i lorri ddodrefn i flocio'r ffordd yn gyfleus reit pan oedd y car polîs yna ar ein holau ni. Oes ofn yr heddlu arnoch chi ?"

"O nac oes, fy merch i. Gadewch i ni ddweud yn unig fod rhywbeth yn yr amlen yna byddai'r polîs yn falch o'i wybod. Ac fe fyddai'n gwneud drwg mawr i'r Mudiad yma pe bai'r polîs yn cael gafael arni hi. Felly roedd rhaid i ni gael siarad â chi cyn y polîs. Dyna'i gyd."

"Ie. Rwy'n dechrau deall. Ond beth am y ddau ddyn yna a'r car ? Fe geisiodd y rheiny ein lladd ni, ac nid chwarae roedden nhw, chwaith."

"Wyddon ni ddim am y rheiny. Dynion Mr. Basil, mae'n siŵr. Mae yntau'n benderfynol o gael yr amlen, ac mae e'n llawer mwy diegwyddor na ni."

"Ac mae Alwyn wedi mynd i ffau'r llewod felly ? I deg Stryd y Castell."

"Beth ? Mae e wedi mynd â'r amlen yno ? Wel, ydy, wrth gwrs. Pam na feddyliais i yn gynt ? Unwaith i Mr. Basil gael ei ddwylo ar yr amlen yna . . . Cyril ! Ar unwaith ! A chi, Dodd. I deg Stryd y Castell. Ac rydw i'n dod gyda chi— a'r ferch hefyd. Mae'n well i ni ei chadw hi gyda ni—er fy mod i'n eitha siŵr ei bod hi'n dweud y gwir."

"Ond yr amlen ?" mynnodd Nest. "Beth sy ynddi hi sy mor bwysig i bawb ?"

Fe chwerthodd y Pennaeth.

"Rydych chi'n newyddiadurwr da, Miss. Ond rydw i'n gobeithio'n fawr na chewch chi byth wybod. Chewch chi byth roi'r stori yma mewn papur newydd . . ."

DEG STRYD Y CASTELL

Fe ddaeth Alwyn allan o'r tacsi y tu allan i rif deg Stryd y
Castell. Stryd o dai uchel, tri llawr oedd Stryd y Castell, ac
roedd rhif deg yn y canol. Neu, o leiaf, roedd rhif deg wedi
bod yn y canol. Erbyn hyn, dim ond pedwar tŷ oedd ar ôl
ar un ochr i'r stryd—rhifau chwech, wyth, deg a deuddeg.
Roedd y gweddill i gyd wedi cael eu tynnu i lawr ac roedd
peiriannau mawr, swnllyd wrthi yn llwytho ac yn cario cerrig
ac yn lefelu'r tir lle bu'r tai yn sefyll. Dyna'r ffordd byddai'r
draffordd newydd yn dod drwy'r ddinas, mae'n debyg.

Edrychodd Alwyn ar ddrws rhif deg. Tipyn yn ddi-raen
oedd golwg y lle—y paent yn frown ac yn graciog, a'r ffenestri
yn ddu o lwch. Roedd plât ar y drws a'r geiriau G. BASIL,
BENTHYCIWR ARIAN arno fe.

Agorodd Alwyn y drws a cherddodd i mewn. Roedd coridor
hir, tywyll o'i flaen a drws gwyrdd yn y pen. Cerddodd Alwyn
lawr y coridor at y drws. G. BASIL. PREIFAT. Rhoddodd gnoc
ysgafn ar y drws a'i agor.

Doedd dim byd yn y stafell ond dwy gadair a desg. Y tu
ôl i'r ddesg, eisteddai dyn tal. Roedd ganddo sbectol drwchus
ar ei drwyn a mwstas main oddi tano. Ond thalodd Alwyn
ddim fawr o sylw i'r dyn tal ar y pryd. Roedd ei lygaid wedi
eu hoelio ar gornel pella'r stafell. Roedd dyn wedi codi o'r
gadair yn y cornel ac wedi dechrau cerdded draw at y drws.
Y dyn ar y to !

Trodd Alwyn a chydio ym mwlyn y drws. Un peth oedd ar
ei feddwl—dianc ! Trodd y bwlyn a thynnu'r drws. Ond
roedd hi'n rhy hwyr. Disgynnodd dwylo mawr blewog y dyn
ar ei ysgwyddau ac fe wyddai Alwyn nad oedd unrhyw bwynt
ceisio ymladd. Roedd dwylo'r dyn fel dwylo cawr ar ei war
ac roedd ei fysedd yn gwasgu fel gefel mawr i'w gnawd.

Fe'i gwthiwyd e i'r cornel at y gadair, ac fe aeth y dwylo
blewog dros ei ddillad ac i'w bocedi. Y funud nesa, roedd

45

pistol y bachgen cloff yn llaw'r cawr ac roedd hwnnw'n pwyntio'n syth tuag ato.

"Eisteddwch," meddai'r dyn wrth y ddesg. Ac fe eisteddodd Alwyn. Doedd dim pwynt dadlau â phistol.

Roedd gwên lydan ar wyneb y dyn tal wrth y ddesg.

"Wel, wel," meddai fe. "Ac rydych chi wedi dod yma. Doeddwn i ddim yn eich disgwyl chi. Pe bawn i'n gwybod eich bod chi'n dod, fe fyddech chi wedi cael mwy o groeso."

Fe chwerthodd y dyn gan ddangos ei ddannedd gosod mawr gwyn.

"Wel, rydw i'n falch iawn o'ch gweld chi. Yn falch iawn. Roedd George yma yn mynd i fynd allan i chwilio amdanoch chi nawr. A doedd e ddim yn mynd i fod mor ffôl y tro yma â'r tro diwetha, oeddech chi, George ?"

Fe ysgydwodd George y cawr ei ben.

"Na, mae colli un dyn da mewn diwrnod yn eitha digon. Ond dywedwch wrtha i. Pam ddaethoch chi yma ? Sut oeddech chi'n gwybod am y lle yma ?"

Fe benderfynodd Alwyn beidio â dweud dim byd—nes roedd rhaid iddo fe 'ta beth.

Gwenodd Mr. Basil.

"Olreit. Gadewch i mi ddyfalu. Nawr, doeddech chi ddim yn gwybod beth na phwy i'w ddisgwyl pan gerddoch chi i mewn yma, felly roeddech chi wedi dod yma am fod rhywun wedi dweud wrthych chi am wneud hynny. Nawr 'te, pwy ? Pobl y Mudiad Rhyddid ? Na, maen nhw wedi bod yn ceisio eich dal chi drwy'r dydd, fel ninnau—ond heb lwyddo. A does neb arall yn gwybod am yr amlen."

Fe welai Alwyn fod y dyn yn cael hwyl fawr ar y gêm fach yma.

"Wel, oes, wrth gwrs !" meddai fe'n sydyn. "Neu, ' oedd wrth gwrs ' ddylwn i ddweud. Yr hen Doctor Goronwy ar y trên ! Wel, wel ! Pwy fyddai wedi meddwl ? Ie, wrth gwrs ! Fe ddywedodd wrthych chi am ddod â'r amlen yma. Yr hen Goronwy, yn cadw ei fargen hyd y diwedd. Wel, wel !"

Roedd hi'n amlwg i Alwyn ei fod e'n mynd i gael y stori i gyd. Wel, gorau oll. Fe fyddai'r cyfan yn y *Llais* fory—os byw ac iach !

"Wrth gwrs," meddai'r dyn eto, "roedden ni'n gwybod fod yr amlen gennych chi. Rydyn ni wedi bod yn eich gwylio chi'n ofalus oddi ar Caerfyrddin. Mae'n biti i'r hen Doctor Goronwy ei rhoi hi i chi. Rydych chi wedi cael llawer o drafferth i ddod â hi yma, on'd do ? Fe fyddai'n well pe bai e wedi cadw'r amlen. Fe fyddai George a Gilbert wedi ei chael hi wedyn ar ôl iddyn nhw gael gwared o'r Doctor ar y trên. Ac fe fyddai popeth yn iawn."

Fe wenodd George wrth glywed ei enw. Y cawr mud yma oedd wedi lladd y dyn bach yn y trên, felly, ac nid y bachgen cloff. Ond pwy oedd hwnnw ? A pham roedden nhw wedi lladd Doctor Goronwy os oedd e'n dod â'r amlen atyn nhw ? Ond roedd Mr. Basil yn dal i siarad.

"Roedd rhaid lladd Doctor Goronwy, chi'n gweld. Roedd e'n gwybod gormod. Roedd e wedi darganfod rhyw ffeithiau fyddai'n beryglus iawn i'r Mudiad Rhyddid ac roedd e'n mynd i fynd â nhw atyn nhw. Ond fe lwyddais i i'w ' berswadio' fe i newid ei feddwl a dod â nhw ata i yma. Fe fydden nhw'n ddefnyddiol iawn i mi—yn ddefnyddiol iawn. Pe bai'r byd yn cael gwybod y ffeithiau yna, fe fyddai hi ar ben ar y Mudiad Rhyddid. Doedd gen i ddim ond bygwth eu rhoi nhw i'r Wasg, neu i'r heddlu, ac fe fyddai'r Mudiad Rhyddid yn fodlon talu unrhyw swm byddwn i'n ei enwi i fy rhwystro i. ' Blackmail '. Ond hen enw cas yw hwnnw. Arian mawr am ddim, ynte George ?"

Nodiodd y cawr.

"Fe welwch chi felly pam roedd yr amlen mor bwysig i mi— ac i'r Mudiad Rhyddid, wrth gwrs. Fe glywais i eich bod chi wedi cael tipyn o drafferth gan y bachgen cloff yna sy'n gweithio iddyn nhw. Ond dydy hwnnw ddim yn gwybod ei waith cystal â George. Mae George yn gwneud y job yn iawn unwaith mae e wedi dechrau. E ? George ?"

Roedd Alwyn yn dechrau deall nawr. Roedd yr holl gynllun yn dechrau dod yn glir. Ac roedd hi'n berffaith glir fod rhaid iddo fe geisio cadw'r amlen. Ond sut ? Roedd George yn sefyll o'i flaen e fel arth fawr.

"Druan â Doctor Goronwy." Roedd Mr. Basil yn benderfynol o ddweud ei stori i gyd. "Roedd e'n gwybod gormod amdanon ni, on'd oedd e, George ? Ond mae rhaid ei fod e wedi dyfalu fod rhywun ar ei ôl e—ac fe fuodd e'n ffyddlon i mi hyd y diwedd. Pwy fyddai wedi meddwl ? Ac mae e wedi'ch gyrru chi yma, a'r amlen. Diolch, Doctor Goronwy. A diolch yn fawr i chi am ddod â hi'n saff a gofalu na fyddai'r Mudiad Rhyddid yn cael gafael arni hi. Mae'r peth yn ddoniol. Roedden nhw'n meddwl eich bod chi'n gweithio i mi !"

Torrodd Mr. Basil i chwerthin yn afreolus unwaith eto nes oedd ei stumog fawr yn codi ac yn disgyn fel megin. Gwyliodd Alwyn ei gyfle yn ofalus. Fe gadwodd ei lygaid ar George nes iddo fe ei weld e'n troi i edrych ar ei feistr ac agor ei geg i chwerthin yn fud gydag e. Yna, neidiodd Alwyn ar ei draed. Rhoddodd un llam at y llaw oedd yn dal y gwn. Ond roedd George yn gynt nag e. Disgynnodd ei law arall yn drwm ar war Alwyn a'i daro nes oedd y stafell yn nofio'n ddu o'i gwmpas a phedwar Mr. Basil yn chwerthin o'i flaen. Roedd sŵn mawr yn ei glustiau fel sŵn cant o geffylau'n carlamu drosto. Trwy'r sŵn daeth llais Mr. Basil fel ergyd gwn.

Fe rwygwyd cot Alwyn oddi ar ei gefn a phan gliriodd y niwl o flaen ei lygaid, roedd yr amlen yn nwylo bach taclus Mr. Basil ac roedd hwnnw'n gwenu fel cath arni hi ac yn ei throi a'i throsi rhwng ei fysedd main.

Roedd George yn sefyll uwch ei ben unwaith eto a'r gwn yn hollol lonydd yn ei law.

Fe agorodd Mr. Basil yr amlen ac fe wyliodd Alwyn ei wyneb yn ofalus. Diflannodd y wên ond fe arhosodd y geg ar agor fel ceg pysgodyn. Yn sydyn, roedd y wyneb coch wedi mynd mor wyn â'r galchen. Yna, fe ddechreuodd lliw piws afiach godi o waelod ei glustiau. Lledodd dros ei fochau ac i fyny at ei wallt. Erbyn hyn roedd ei ddwylo'n crynu, a chyn bo hir, roedd ei gorff i gyd yn ysgwyd fel corff dyn lloerig. Gwasgodd y llythyr yn ei ddwylo a'i daflu i ben pella'r stafell. Cododd ar ei draed a rhoi gorchymyn swta i George.

"Dewch ! Mae'r cyfan ar ben. Mae rhaid i ni fynd cyn gynted ag y medrwn ni neu fe fydd hi'n rhy hwyr. Mae'r cythraul Goronwy wedi ein twyllo ni."

Trodd at Alwyn.

"Fe fyddwn ni'n eich gadael chi yma. Clymwch ei ddwylo a'i draed, George ! Mae rhaff yn y cornel acw. A gofalwch eu clymu nhw'n ddiogel. Cofiwch ei fod e'n gwybod gormod

48

amdanon ni—digon i'ch anfon chi i'r carchar am weddill eich oes !"

Aeth George i nôl y rhaff a chlymodd ddwylo Alwyn y tu ôl i'w gefn. Yna rhoddodd gic ffyrnig iddo nes ei fod e'n gorwedd ar ei stumog, a chlymodd y rhaff yn dyn am ei bigyrnau. Wedyn, plygodd goesau Alwyn i fyny y tu ôl i'w gefn a'u clymu nhw'n sownd wrth ei frechiau. Gwthiwyd hances i'w geg a'i gicio i gornel bella'r stafell.

"Rwy'n siŵr eich bod chi wedi sylwi wrth ddod yma," meddai Mr. Basil, "fod y stryd yma'n cael ei thynnu i lawr. Does dim gweithwyr yma nawr. Yn y nos maen nhw'n gweithio. Mae pawb yn meddwl fod y tŷ yma'n wag. Heno, am naw o'r gloch, fe fydd y teirw dur yn dechrau chwalu'r pedwar tŷ sy ar ôl. A does neb yn gwybod eich bod chi yma !"

Gwyliodd Alwyn y ddau yn mynd trwy'r drws heb allu symud llaw na throed.

DIM AR ÔL OND LLWCH

DOEDD gan Alwyn ddim syniad faint o'r gloch oedd hi. Roedd e'n siŵr fod awr wedi mynd heibio ers i Mr. Basil a George fynd. Oedd hi'n tynnu am naw o'r gloch? Chafodd e ddim cyfle i edrych ar gloc na wats drwy'r dydd. Fe allai hi fod yn naw o'r gloch yn hawdd. Doedd hi ddim yn tywyllu tan ddeg o'r gloch.

A lle roedd Nest? Fe ddywedodd Mr. Basil nad oedd neb yn gwybod lle roedd e. Ond roedd Nest yn gwybod. Fyddai hi'n dod yma? Neu oedd rhywbeth wedi digwydd iddi hi hefyd?

Roedd Alwyn wedi gwneud ei orau i ddatod y rhaffau, ond ar ôl tynnu a throi am chwarter awr, fe welodd ei bod hi'n amhosibl rhyddhau'r cylymau o gwbl. Roedd George wedi gwneud ei waith yn dda. Llwyddodd i'w lusgo ei hun o dan y bwrdd pren. Doedd dim i'w wneud ond aros, a gobeithio byddai rhywun yn cyrraedd. Lle roedd Nest?

Yn sydyn, fe glywodd Alwyn y sŵn—y sŵn roedd e wedi bod yn aros amdano. Sŵn chwyrnu uchel y peiriannau dur yn y stryd islaw. Roedd hi'n naw o'r gloch!

Dechreuodd y peiriannau mawr ruo yn ôl ac ymlaen o dan y ffenest, ac fe grynai'r adeilad wrth i'r olwynion anferth fynd heibio. Clywai Alwyn leisiau dynion yn gweiddi a sŵn cerrig mawr yn cael eu llwytho ar lorïau.

Yn sydyn, daeth golau cryf, llachar drwy'r ffenest. Roedden nhw wedi cynnau'r bylbiau mawr oedd yn goleuo'r gwaith yn y nos. Aeth rhu'r peiriannau yn uwch. Yn sydyn, daeth ergyd fawr fel pe bai trên wedi taro'r adeilad. Ysgydwodd y tŷ nes oedd ei seiliau'n crynu. Torrodd bob un o chwareli'r ffenest yn deilchion mân ac fe dasgodd y gwydr yn fil o ddarnau ar hyd y llawr. Roedden nhw wedi dechrau chwalu'r tai! Fydden nhw ddim yn hir nawr cyn cyrraedd rhif deg. Lle yn y byd roedd Nest?

*   *   *   *

"Sorri, Miss," meddai'r dyn â'r helmet wen wrth Nest, "ond mae'r dynion wedi dechrau gweithio. Does neb yn cael mynd i'r stryd nawr. Dyna'r ' orders ' sy gen i."

"Ond mae rhywun yn un o'r tai. Rydw i'n siŵr o hynny. Mae rhaid i mi gael gweld."

"Does neb yn y tai, Miss. Maen nhw'n wag ers wythnos. Mae pawb wedi symud."

"Ond fe ddaeth ffrind i mi yma heno. Mae'n bosibl ei fod e yma o hyd."

Roedd y gweithiwr yn dechrau colli ei amynedd.

"Miss. Ydych chi ddim yn meddwl byddai e wedi mynd oddi yma pan glywodd e'r peiriannau yn dechrau ? Does neb call yn mynd i aros yma i gael ei falu'n fil o ddarnau, oes e ?"

Sut roedd dechrau esbonio wrtho fe ?

"Ond mae rhaid i mi fod yn siŵr. Mae e wedi cael ei gau i mewn efallai."

"Am y tro ola, Miss. Does neb yn y tai yna a does neb yn cael mynd i'r stryd. ' Orders ' yw ' orders '."

Ac fe drodd y dyn ar ei sawdl a cherdded yn bwysig tua'r peiriannau.

Edrychodd Nest ar y Pennaeth. Oedd e'n ei choelio hi o hyd ? Fyddai e'n meddwl mai celwydd oedd ei stori hi am ddeg, Stryd y Castell ? Oedd unrhyw obaith achub Alwyn ?

Ond roedd y Pennaeth yn gwenu'n gyfeillgar.

"Os ydy eich ffrind chi yn un o'r tai yna, fe'i cawn ni e allan," meddai fe. "Os na fydd e yno, mae eich stori chi yn gelwydd fwy na thebyg, ac fe fydd rhaid i chi wynebu'r canlyniadau. Dodd ! Dewch chi gyda mi. Fe awn ni i fyny'r stryd i dynnu sylw'r gweithwyr. Cyril, ewch chi gyda'r ferch i gefn y tai. Chwiliwch bob tŷ. Ond peidiwch â gadael iddi hi fynd o'ch golwg chi, cofiwch. A brysiwch !"

Nodiodd Cyril ei ben.

Yr eiliad nesa, roedd sŵn gweiddi a rhedeg yn cystadlu â sŵn y peiriannau yn y stryd. Roedd y gweithwyr wedi gweld y Pennaeth a Dodd yn rhedeg tua'r tai ac roedd rhyw hanner dwsin o ddynion ar eu holau nhw.

"Reit ! Nawr !" Cydiodd Cyril yn llaw Nest a'i thynnu hi ar ei ôl i fyny'r lôn fach gul wrth ochr y tŷ pen ac i'r ardd fach sgwâr y tu ôl i'r tŷ cyntaf. Pa dŷ oedd rhif deg ? Fe

51

fydden nhw am byth yn chwilio pob tŷ ! Fe deimlodd Nest ei chalon yn suddo.

"Fe ddechreuwn ni'r pen arall."

Wrth gwrs ! Edrychodd Nest yn ddiolchgar ar Cyril. Yn y pen arall roedd y peiriannau wedi dechrau cnocio'r tai i lawr. Roedd rhaid iddyn nhw ddechrau yn y pen yna a symud o flaen y peiriannau. Ond oedd rhif deg wedi cael ei daro i lawr yn barod ?

"Dewch," meddai Cyril. "Does dim amser i'w golli."

*   *   *   *

Roedd Alwyn yn gwylio wal bella'r stafell yn ofalus. Roedd e'n gwybod byddai hi ar ben arno fe pan fyddai'r wal yna wedi syrthio. Dyna'r wal oedd rhyngddo fe â'r drws nesa ac roedd ei thri chwarter hi wedi mynd yn barod. Pan fyddai hi wedi mynd i gyd, fe fyddai'r peiriannau yn symud i'r tŷ yma. Un cnoc, ac fe fyddai'r to yn disgyn ar ei ben. Dau gnoc, a dim ond sgerbwd y tŷ fyddai ar ôl, ac yntau'n gorwedd yn gorff rywle yng nghanol y rwbel.

Clywodd Alwyn y peiriant J.C.B. mawr yn rhowlio 'nôl yn araf ac yn casglu nerth at yr ergyd nesaf. Clywodd y lifrau mawr yn chwyrnu ac yn protestio wıth i'r gyrrwr eu gwthio nhw'n ffyrnig i'w lle. Roedd e'n gallu dychmygu'r fraich hir yn codi'n araf a'r grafanc ddur yn agor led y pen yn barod i ddisgyn a llarpio'r gegiad nesaf o frics a morter.

Aeth rhu'r peiriant yn uwch. Roedd y tarw'n ymosod eto ! Caeodd Alwyn ei lygaid ac aros am yr ergyd. Un, dau, tri, pedwar . . . Siglodd y tŷ i gyd wrth i'r fraich ddur ddisgyn ar y wal. Roedd y sŵn yn fyddarol. Roedd brics yn tasgu fel pŷs. Rhoddodd Alwyn waedd o boen wrth i un ei daro fe yn ei ysgwydd. Caeodd ei lygaid yn dynnach. Dyma'r diwedd felly ! Roedd e wedi dod yn gynt nag oedd Alwyn yn disgwyl. Roedd dim posibl iddo fe fyw drwy hyn. Roedd y byd i gyd yn disgyn o'i gwmpas. Gwasgodd Alwyn ei gorff mor agos i'r llawr ag y medrai, ac aros.

Agorodd ei lygaid. Roedd sŵn y brics wedi peidio. Wel, roedd e'n fyw o hyd, 'ta beth ! Roedd mwg a llwch yn llenwi'r stafell yn gymylau mawr. Yn araf bach fe gliriodd hwnnw ddigon i Alwyn weld ei fod e'n gorwedd yng nghanol tomen fawr o rwbel. Yr unig beth oedd wedi ei achub e oedd y bwrdd pren uwch ei ben. Edrychodd i gyfeiriad y wal—doedd dim wal yno !

Roedd y J.C.B. yn rhowlio 'nôl unwaith eto a'r lifrau'n cael eu gwthio i'w lle. Roedd y cawr yn barod i ymosod ar rif deg ! Caeodd Alwyn ei lygaid—am y tro olaf.

Agorodd y drws. Nest ! Diolch byth ! A'r bachgen cloff. Pam roedd hwnnw yma ? Ond doedd dim amser i boeni am bethau felly.

Rhuthrodd Nest a'r bachgen cloff draw at Alwyn. Tynnodd Cyril gyllell fain o'i boced—y gyllell oedd ganddo fe yn y lorri ddodrefn. Roedd Alwyn yn ddigon balch o'i gweld hi nawr. Mewn chwinciad roedd ei ddwylo a'i goesau'n rhydd. Tynnodd Nest yr hances o'i geg.

"Brysiwch !" Teimlai Alwyn y geiriau'n tagu yn ei wddf. "Brysiwch ! Allan â chi ! Fe fydd y tŷ yma'n syrthio unrhyw funud."

Rhedodd y tri tua'r drws. Roedden nhw hanner ffordd i lawr y coridor pan gofiodd Alwyn. Rhedodd 'nôl i'r stafell. Oedd, roedd e yno, yn y cornel wrth y ffenest.

Roedd Alwyn yn rhedeg lawr y coridor am yr ail dro a'r llythyr yn ei law, pan ddaeth y crafanc lawr am y tro cyntaf. Mewn deng munud, doedd dim ar ôl o ddeg Stryd y Castell ond llwch.

BETH OEDD YN YR AMLEN ?

"MR. BASIL,

Lladdwch fi os mynnwch chi. Mae'r rhestr yn saff. Chewch chi byth mohoni hi. Dydw i ddim yn mynd i fradychu'r Mudiad Rhyddid."

Doctor Goronwy.

O.N.—Mae nodyn wedi mynd at yr Heddlu hefyd."

Edrychodd Alwyn ar yr wynebau o gwmpas y bwrdd yn swyddfa'r Mudiad Rhyddid, ac yna, fe basiodd e'r nodyn i'r Pennaeth.

"Dyna'r llythyr oedd yn yr amlen," meddai fe.

Darllenodd y Pennaeth y llythyr ac yna ei basio fe i Cyril. Ddywedodd neb ddim byd. Edrychodd Cyril yn hir ar y llythyr ac yna fe estynnodd e ei fraich dros y bwrdd i roi'r llythyr i Nest. Ond cyn iddi hi afael ynddo fe, fe dynnodd Cyril ei fraich yn ôl yn sydyn ac edrych ar y Pennaeth. Nodiodd hwnnw ei ben.

"Ydy, mae hi'n iawn iddi hi ei weld e. Mae'r ddau wedi mentro eu bywydau dros yr amlen yna. Fe fydd rhaid i ni ddweud y cyfan wrthyn nhw."

"Ond, syr," protestiodd Cyril, "newyddiadurwyr ydyn nhw. Maen nhw'n chwilio am stori. Allwn ni ddim dweud y cyfan wrthyn nhw neu fe fydd y stori i gyd ar dudalen flaen *Y Llais* bore fory. A dyna'r cyfan yn ofer. Fe fydd Doctor Goronwy wedi marw i ddim pwrpas."

"Na, Cyril. Mae Doctor Goronwy wedi marw i ddiogelu'r rhestr. A diolch iddo fe, mae honno'n saff. All neb wneud dim drwg i ni heb honno." Fe drodd y Pennaeth at Alwyn a Nest. "Na, mae'n well iddyn nhw gael gwybod y gwir. Maen nhw wedi cael syniad rhyfedd iawn o bobl y Mudiad Rhyddid heddiw. Fe fydd rhaid i ni esbonio tipyn neu fe fyddan nhw'n meddwl ein bod ni bob amser yn cario gynnau ac yn bygwth lladd pobl !"

Fe wridodd Cyril. Ie, y Pennaeth oedd yn iawn. Nodiodd ei ben yn araf.

"Wel, lle mae dechrau, dywedwch ? Fel gwyddoch chi, mae'n siŵr, mae dau fudiad yn brwydro dros gael rhyddid i'n gwlad ni—ein mudiad ni, y Mudiad Rhyddid, sy'n gweithio'n dawel ac yn galed i gael pobl i bleidlesio i ni ac i gael seddau yn y Senedd, a'r Mudiad Tanddaearol, y Fyddin Gudd, sy'n credu mewn dulliau mwy ffyrnig, mewn ymladd a thywallt gwaed."

Nodiodd Alwyn ei ben. Oedd, roedd pawb yn gwybod am y Fyddin Gudd. Roedd pawb yn gwybod hefyd fod pobl y Mudiad Rhyddid wedi gwneud eu gorau i ddangos i bawb nad oedden nhw'n credu mewn gwisgo dillad ymladd a chwythu pethau i fyny. Roedden nhw wedi diarddel pobl y Fyddin Gudd fwy nag unwaith. Ond roedd y Pennaeth yn dal i siarad . . .

"Wel, fel gwyddoch chi, fyddai pobl ddim yn pleidleisio i ni pe baen nhw'n meddwl ein bod ni'n credu mewn cario gynnau a bomiau ac ati. Mae hi'n holl bwysig i ni fod ein pobl yn cadw'n glir o'r Fyddin. Does dim cysylltiad rhyngon ni a'r Fyddin. Rydyn ni wedi dweud hynny fwy nag unwaith, ac o'r diwedd, mae pobl yn ein credu ni.

"Ond yr wythnos ddiwethaf, fe ddigwyddodd ein Is-Bennaeth ni, Doctor Goronwy, ddarganfod fod rhai o'n pobl ni yn perthyn i'r Fyddin hefyd. Roedd hyn yn sioc mawr i ni. Wrth gwrs, fe daflon ni'r dynion hynny allan o'r Mudiad Rhyddid ar unwaith. Ond roedd rhestr o'u henwau nhw gan y Fyddin o hyd—rhestr oedd yn dangos eu bod nhw wedi rhoi llawer o arian i'r Fyddin. Pe bai'r Wasg yn cael gafael ar y rhestr, ac yn ei chyhoeddi hi, fe fyddai'r Mudiad Rhyddid yn cael enw drwg iawn. Yn wir, fe fyddai hynny'n ddigon i orffen y Mudiad Rhyddid am byth. Fyddai neb byth yn rhoi pleidlais i ni wedyn. Rydych chi'n deall hynny, rwy'n siwr."

"Ydw," meddai Alwyn. "Ac rwy'n deall hefyd byddai pethau yr un mor ddrwg i chi pe bai'r Heddlu yn cael gafael ar y rhestr."

"Yn union. Roedden ni wedi clywed fod yr heddlu yn bwriadu restio holl aelodau'r Fyddin cyn diwedd y mis yma. Pe baen nhw'n cael gafael ar y rhestr ac yn restio ein dynion ni, dyna hi ar ben arnon ni ar unwaith.

"Fel gwelwch chi, doedd dim i'w wneud ond i ni ein hunain gael gafael ar y rhestr enwau, ac fe ymunodd Doctor Goronwy â'r Fyddin. Fe aeth e draw i Gaerfyrddin i gartref Arweinydd y Fyddin ac fe lwyddodd e rywsut i ddwyn y rhestr. Fe ffoniodd e yma yn gynnar y bore yma i ddweud ei fod e'n dod 'nôl ar y trên a bod y rhestr yn ddiogel ganddo fe. Doedd dim un copi ohoni hi ar gael, roedd e'n siŵr o hynny. A dyna'r tro ola i ni glywed oddi wrtho fe."

"Ond beth am Mr. Basil ?" gofynnodd Nest. "Sut roedd e'n gwybod am y rhestr yma ?"

"Ie, wel . . . Dydyn ni ddim yn gwybod hynny. Roedd rhywun wedi bod yn siarad efallai. Wyddon ni ddim. Ond yn syth wedi i Doctor Goronwy ffonio, fe ganodd y ffôn unwaith eto. Dyn oedd yno yn dweud mai Mr. Basil, y benthyciwr arian oedd e. Roedd e'n gwybod am y rhestr ac yn gwybod ei bod hi gan Doctor Goronwy. Roedd e'n mynd i'w chael hi ac roedd e'n barod i ladd i wneud hynny, meddai fe. Os na fydden ni yn talu dau gan mil o bunnau iddo fe, fe fyddai e'n rhoi'r rhestr i'r Wasg ac i'r Heddlu. Wel, does gan y Mudiad Rhyddid ddim dau gan mil o bunnau. Roedd rhaid i ni stopio'r Mr. Basil yma. Allen ni ddim mynd at yr heddlu, am resymau amlwg. Fe anfonwyd Cyril a Dodd i stesion Caer-fyrddin ar unwaith i helpu Doctor Goronwy, ond roedden nhw'n rhy hwyr, mae'n amlwg. Ac, wel . . . rydych chi a Cyril yn gwybod y gweddill yn well na mi."

"Fe es i ar y trên yng Nghaerfyrddin i chwilio am Doctor Goronwy," meddai Cyril. "Fe'i cefais i e—wedi marw—cyn i'r heddlu ei weld e. Doedd yr amlen a'r rhestr ddim ganddo fe. Yr unig beth arall welais i yn y cerbyd oedd dalen o lyfr ditectif—*Angau yn y Tŷ Gwag.* Dyma hi. A phan welais i chi yn cerdded i mewn i'r caffe ar y stesion a llyfr o'r enw *Angau yn y Tŷ Gwag* yn eich llaw, fe feddyliais i'n syth mai un o ddynion Mr. Basil oeddech chi ac mai chi oedd wedi lladd Doctor Goronwy, druan. A phan ddechreusoch chi ddianc oddi wrtha i dros y bont, wel, roeddwn i'n sicr fod yr amlen gennych chi. Fe gefais i orchymyn i wneud unrhyw beth oedd raid i gael yr amlen ac roeddwn i'n sicr mai dau lofrudd oeddech chi—felly fe fues i ychydig yn galed. Mae'n ddrwg gen i. Dydw i ddim yn arfer bygwth pobl â gynnau, wyddoch chi. Ond roedd rhaid cael yr amlen."

"Mae'n iawn," meddai Alwyn gan chwerthin. "Mae'n ddrwg gen innau i mi eich taro chi yn y stafell aros ar y stesion ac yn y lorri ddodrefn. Dydw i ddim yn arfer gwneud pethau felly chwaith. Ond roeddwn innau'n benderfynol erbyn hynny.'

"Wel, mae'n dda gen i eich bod chi'n deall," meddai'r Pennaeth. "Mae hi'n stori od iawn, mi wn, ond mae hi'n wir bob gair."

"Ydyn, rydyn ni'n deall nawr pam roeddech chi mor benderfynol o gael yr amlen a pham roedd Dodd a'i lorri ddodrefn yn ein helpu ni i ddianc rhag yr heddlu. Ond roedd Mr. Basil a'i ddynion yn benderfynol o gael yr amlen hefyd. Fe geision nhw ein lladd ni. Ac fe gerddais i yn syth i ffau'r llewod, i ddeg Stryd y Castell. Pam roedd Doctor Goronwy yn fy nanfon i yno ?"

"Ie, wel, pan ddywedodd eich ffrind wrth Cyril a minnau eich bod chi wedi mynd â'r amlen yno, fe feddylion ni'n syth fod Doctor Goronwy wedi ein bradychu ni, ei fod e wedi cael ei ' berswadio ' rywsut gan Mr. Basil a'i fod e wedi danfon y rhestr ato fe gyda chi."

"Ie, dyna roedd Mr. Basil yn ei feddwl hefyd," meddai Alwyn. "Roedd e wedi ceisio perswadio'r Doctor, fe ddywedodd e hynny. Roedd Goronwy wedi addo dod â'r amlen at Basil cyn i George ei ladd e, ac roedd Mr. Basil yn meddwl ei fod e wedi cadw'r fargen ac wedi danfon yr amlen gyda mi. Ond fe gafodd e sioc wrth ddarllen y llythyr yna. Fe ddihangodd e ar unwaith."

"Do. Rydyn ni'n gwybod nawr fod Doctor Goronwy druan yn ffyddlon hyd y diwedd. Ac mae'r amlen iawn a'r rhestr yn saff."

"Ie. Roeddwn i'n meddwl gofyn hynny," meddai Nest. "Lle mae'r rhestr nawr ? Beth wnaeth Doctor Goronwy â hi ?"

Fe gododd y Pennaeth a cherdded at y sêff oedd yng nghornel y stafell. Tynnodd allwedd o'i boced a'i hagor hi.

"Dyma'r rhestr," meddai fe gan dynnu amlen felen o'r sêff. "Pan gyrhaeddais i 'nôl o ddeg, Stryd y Castell, roedd hon ar fy nesg i. Wn i ddim sut daeth hi yno. Mae rhaid bod Doctor Goronwy wedi ei rhoi hi i rywun cyn iddo fe fynd ar y trên, ac wedi dweud wrth y person hwnnw am ddod â hi yma. Wedyn, fe roddodd e amlen arall i chi gan obeithio byddai dynion Mr. Basil yn credu mai yn honno roedd y rhestr. Fe fydd'en nhw'n eich dilyn chi ac yn gadael i'r amlen iawn ddod ata i yma yn ddi-drafferth. Ac fe lwyddodd e, wrth gwrs."

"Do. Ond mae un peth bach yn fy mhoeni i o hyd," meddai Alwyn. "Peth bach ydy e, cofiwch."

"Ie ?" gofynnodd y Pennaeth.

"Wel, efallai eich bod chi wedi anghofio, ond mae'r heddlu ar ôl Nest a minnau. Sut yn y byd rydyn ni'n mynd i esbonio pam buon ni'n rhedeg oddi wrthyn nhw drwy'r dydd ? Maen nhw'n meddwl mai fi laddodd y dyn yn y trên."

"Na, mae popeth yn iawn. Roedd llythyr oddi wrth Doctor Goronwy gyda'r rhestr—llythyr at yr heddlu. Roedd e'n dweud fod dynion Mr. Basil ar ei ôl e a'i fod e'n siŵr eu bod nhw am ei ladd e. Rydw i wedi anfon y llythyr i Swyddfa'r Heddlu yn syth. Maen nhw allan yn chwilio am Mr. Basil a George nawr mae'n siŵr. Fe fydd rhaid i chi ddweud y stori i gyd wrthyn nhw, wrth gwrs. Ond fe fyddan nhw'n eich coelio chi. Fe fydd popeth yn iawn."

"Ond beth am y rhestr ? Fe fyddan nhw'n gofyn am honno fel tystiolaeth."

"Wel, mae hynny'n ddigon hawdd. Fydd dim rhestr i gael." Ac fe gerddodd y Pennaeth draw at y tân trydan a rhoi cornel y papur a'r rhestr arno ar y bar coch. Fe losgodd y rhestr yn fflam am funud, cyn i'r Pennaeth daflu'r llwch oedd ar ôl i'r fasged sbwriel.

"Dyna ddiwedd ar Restr B. All neb wneud dim drwg i ni nawr heb honna. Gaf i ofyn i chithau eich dau, er mwyn y Mudiad Rhyddid, i beidio â rhoi dim o hanes heddiw yn eich papur ?"

Edrychodd Alwyn ar Nest. Stori orau'r flwyddyn ! Stori

roedden nhw wedi bod drwy ddŵr a thân i'w chael. Fyddai byth cyfle i gael stori fel hon eto . . .

"Na. Fydd dim gair yn *Y Llais* fory." Edrychodd Nest i lygaid Alwyn. "Mae'r Mudiad Rhyddid yn bwysicach na stori i'r *Llais*. Fe ddywedwn ni wrth y Golygydd ein bod ni wedi colli Eisteddfod Aberceri am ei bod hi'n ddiwrnod braf . . . Roedd hi'n well gennyn ni fod ar lan y môr . . . gyda'n gilydd ! Os collwn ni ein swyddi . . . wel, fe allwn ni bob amser droi yn sbïwyr neu yn ' foreign agents ' i'r Gymru rydd ! Fe gawson ni ddigon o brofiad heddiw."

Fe chwerthodd y Pennaeth.

"Diolch yn fawr i chi'ch dau. A chofiwch, os bydd angen, mae digon o waith i rai fel chi yn y Mudiad Rhyddid."

"Efallai byddwn ni'n dau yn manteisio ar y cynnig yna," meddai Alwyn. "Os byw ac iach . . ."

7 **a'r chwys yn llifo**—*with the perspiration flowing*
pella—*furthest* ; superlative degree of ' pell '.
Tynnodd hances . . . a dechrau sychu—*He pulled out a handkerchief and started to wipe.* The verb noun ' dechrau ' is used instead of the full conjugated form ' dechreuodd ' because the two verbs in the sentence have the same subject. There are many examples of this construction in the story.
Stori dda oedd hon—lit : *a good story was this.* Usually the verb comes first in a Welsh sentence but here the complement of the verb comes first for emphasis.
stori ysbïwyr—lit : *a story of spies* ; i.e. *a spy story*
ac roedd hwnnw'n cuddio—*and that one was hiding ; and the latter was hiding.*
Dyna'r arwr yn gwthio—lit : *there's the hero pushing* ; i.e. *so the hero pushes.* This construction is used to make the telling of the story more actual and exciting.
a'i wn yn ei law—*with his gun in his hand.*
dyna olau mawr yn disgleirio, yn ei ddallu fe—see note above.
Go dratia—mild swear word—*drat.*
Roedd e'n dal ei het yn ei ddwylo ac yn gwenu—*he was holding his hat in his hands and smiling.* Here the present participle ' yn gwenu ' has been used instead of the full form ' roedd e'n gwenu ' because both verbs have the same subject. The same construction is used in English.
I Aberceri rydw i'n mynd—emphatic sentence.
does arna i ddim eisiau—*I don't want.* Remember this idiom :

mae arna i eisiau—*I want* ; lit—*there is a need on me*
mae arnat ti eisiau—*you want*
mae arno fe eisiau—*he wants*
mae arni hi eisiau—*she wants*
mae ar y dyn eisiau—*the man wants*
mae arnon ni eisiau—*we want*
mae arnoch chi eisiau—*you want*
mae arnyn nhw eisiau—*they want*
mae ar y dynion eisiau—*the men want*

Allai'r dyn ddim bod yn dawel ? —*couldn't the man be quiet ?* 'Gallu '—imperfect tense :

Fe allwn i—*I could (was able)*
Fe allet ti—*you could (were able)*
Fe allai fe/hi—*he/she could (was able)*
Fe allen ni—*we could (were able)*

Fe allech chi—*you could(were able)*
Fe allen nhw—*they could (were able)*
Fe allai'r dyn/dynion—*the man/men could (was/were able)*
Neg : allwn i ddim
Question : Allwn i ?
Allwn i ddim ?

8 **newyddiadurwr ydw i**—*I am a journalist.* Complement before the verb for emphasis.

wrtho fe'i hun—*to himself.* Note the whole construction :
wrtho i fy hun
wrthot ti dy hun
wrtho fe'i hun
wrtho hi'i hun
wrthon ni ein hunain
wrthoch chi eich hunain
wrthyn nhw eu hunain

mae'n bryd i minnau—*it is time for me (also)*
minnau—*me (too)*
tithau—*you (too)*
yntau—*he (too)*
hithau—*she (too)*
ninnau—*we (too)*
chithau—*you (too)*
hwythau—*they (too)*

dim ond gofyn oeddech chi'n disgwyl rhywun—*only asking whether you were waiting for someone.* Indirect question.

roedd e'n mynd i gael gwybod—*he was going to get to know* ' **y gwir yn erbyn y byd** '—*the truth against the world.* Part of the Gorsedd prayer at the National Eisteddfod.

9 **yn wynnach na'r galchen**—*whiter than (the) chalk.*

Fi sy'n sgrifennu—lit : *it is I who am writing.* Emphatic sentence with the subject at the beginning. The present tense form of the verb ' to be ' is changed to ' sy ' e.g. *Rydw i'n sgrifennu—Fi sy'n sgrifennu.*

Dim rhyfedd fod y dyn ddim yn ateb—*no wonder that the man wasn't answering.* ' Fod y dyn . . . etc.'—noun clause containing ' bod ' construction.

e.g. Mae mam yn dweud fy mod i'n dal.
fy mod i—*that I am ; that I was*
dy fod ti—*that you are/were*
ei fod e—*that he is/was*
ei bod hi—*that she is/was*
ein bod ni—*that we are/were*
eich bod chi—*that you are/were*
eu bod nhw—*that they are/were*

62

fod y dyn—*that the man is/was*
fod y dynion—*that the men are/were*
Negative : fy mod i ddim, etc.

10 **fyddai neb yn gweld y corff**—*nobody would see the body.*
Imperfect conditional tense of ' bod '. The imperfect habitual
tense (I used to be, etc.) also has the same forms—as below :

fe fyddwn i—*I would be—I used to be*
fe fyddet ti—*you would be—you used to be*
fe fyddai e/hi—*he/she would be—used to be*
fe fydden ni—*we would be—we used to be*
fe fyddech chi—*you would be—you used to be*
fe fydden nhw—*they would be—they used to be*
fe fyddai'r bachgen/bechgyn—*the boy/boys would be
(used to be)*

pe bai e'n mynd—*if he were to go ; if he were going.* ' Bai '—
3rd person singular imperfect conditional tense of ' bod '—a
special form used after ' pe '—*if.* The whole conjugation :

pe bawn i—*if I were*
pe baet ti—*if you were*
pae bai e/hi—*if he/she were*
pe baen ni—*if we were*
pe baech chi—*if you were*
pe baen nhw—*if they were*

dyna'r geiriau ddywedodd e—*those were the words (which)
he said.* ' Ddywedodd e '—adjectival clause.

wrth iddi hi ei weld e—*as she saw him.* This is the same
construction as after ' cyn '.

roedd e'n falch mai hi oedd wedi cael ei dewis—*he was
glad that it was she who had been chosen.* Noun clause linked to
the main clause by ' mai ', the normal word order having
been changed for emphasis. Normal word order would be :
' roedd hi wedi cael ei dewis ', but here ' hi ' has been brought
to the beginning for emphasis.

wedi cael ei dewis—passive voice form with ' cael ',
pluperfect tense.

Roeddwn i wedi cael fy newis—*I had been chosen*
Roeddet ti wedi cael dy ddewis
Roedd e wedi cael ei ddewis
Roedd hi wedi cael ei dewis
Roedden ni wedi cael ein dewis
Roeddech chi wedi cael eich dewis
Roedden nhw wedi cael eu dewis

ti sy wedi cael dy ddanfon—*it is you who's been sent.* Em-
phatic sentence.

11 **rydyn ni'n cael ein talu**—*we are being paid.* Present tense
of passive voice with ' cael '.

allwn ni ddim—*we can't.* Short form of the present/future tense of ' gallu '—*to be able.*

> Fe alla i—*I can ; I am able*
> Fe alli di—*you can*
> Fe all e/hi—*he/she can*
> Fe allwn ni—*we can*
> Fe allwch chi—*you can*
> Fe allan nhw—*they can*
> Fe all y dyn/y dynion—*the man/men can*

fe gawn ni weld—*we'll see.* Short form of the present/future tense of ' cael '. ' Cael ' here has the sense of *get—we shall get to see.* ' Cael ' is frequently used in this sense, e.g. fe aeth e adre er mwyn cael gweld y teledu—*he went home in order (to get/to be allowed) to see the television.* Present/future tense of ' cael ' :

> Fe gaf i—*I have/shall have, etc.*
> Fe gei di
> Fe gaiff e/hi
> Fe gawn ni
> Fe gewch chi
> Fe gân nhw

wedi ei syfrdanu—*astounded.* Past participle used as adjective.

ti oedd yr unig un—emphatic sentence

cael hyd i—*to find*

wyt ti'n meddwl ei fod e'n ein gwylio ni ?—*do you think (that) he is watching us ?* ' Ei fod e ', etc.—noun clause containing ' bod ' construction.

does neb yn gwybod fod yr amlen gen i—*nobody knows that I have the envelope.* Noun clause containing ' bod ' construction.

welodd neb mono i'n siarad—*nobody saw me speaking.*

dy ffansio di mae e—lit : *fancying you he is.* Emphatic sentence.

y bont oedd yn croesi i blatfform dau—*the bridge which crossed to platform two.* ' Oedd yn croesi . . . etc.'—adjective clause.

13 **fe redwn ni**—*we shall run.* Future tense of ' rhedeg '.

ydy e'n ein dilyn ni ai peidio —*whether he's following us or not.*

doedd dim amheuaeth bellach—*there was no doubt any more.*

safai pobl ar y platfform—*people were standing on the platform.* 3rd person singular imperfect tense of ' sefyll '. The endings are the same as for ' gallu ' above.

roedd y trên ar gychwyn—*the train was about to start.*

wedi ei lwytho â pharseli—*loaded with parcels.*

ar fin eu pasio nhw—*about to pass them.*

14 **o'r golwg**—*out of sight.*

gan ofalu—*taking care.*

mae e wedi sylweddoli iddo fe ein colli ni—*he has realised that he has lost us.* ' Iddo fe . . . etc.'—construction used to translate noun clause containing the past tense.

' mae e wedi sylweddoli ei fod e'n ein colli ni '—*that he is losing us ;*

' mae e wedi sylweddoli iddo fe ein colli ni '—*that he has lost us.*

fe fydd e'n sylweddoli i ni guddio—*he will realise we have hidden.* See note above.

roedd hi'n siŵr byddai'r bachgen yn clywed—*she was sure the boy would hear.* ' Byddai'r bachgen . . . etc.'—noun clause containing the imperfect conditional tense.

15 **fe fyddai'r Eisteddfod wedi dechrau**—*the Eisteddfod would have started.*

beth wnawn ni ?—*what shall we do ?*

dy fod ti ar yr un trên—*that you were on the same train.* Noun clause with ' bod ' construction.

does dim modd i ni ddianc—*there's no way for us to escape.*

a'i wynt yn ei ddwrn—lit : *with his breath in his fist*—*breathlessly, excitedly.*

y fath sioc !—*such a shock !*

cael ofn—*to have a fright.*

16 **nerth dy draed**—*as fast as you can.*

alla i ddim—*I can't.*

a theimlodd na fyddai hi byth yn codi—*and she felt that she would never get up.* ' Na fyddai hi byth ' etc.—negative noun clause containing the imperfect conditional tense.

17 **rhyfedd wyrth !**—*strange miracle !*

18 **roedd hi'n cael ei gyrru**—*it was being driven.* Passive voice with ' cael ' construction.

yn wên i gyd—*all smiles.*

19 **hen ddigon o le**—*plenty of room.*

gobeithio eu bod nhw wedi colli—*he hoped that they had lost.* The verb noun (' gobeithio ') is often used instead of the full conjugated verb forms ' rydw i'n gobeithio ' etc.

'ta beth—*anyway.*

rhyw jôc nad oedden nhw ddim yn ei deall—*some joke that they didn't understand.* Negative adjectival clause.

20 **rhaid i ni beidio â chario**—*we mustn't carry.*

fe arosa i—*I shall stop.*

does dim ots gennyn ni—*we don't mind.*

iddyn nhw gael mynd i mewn—*for them to be able to go in.*

yn cael ei harwain—*being led.*

22   **yr hyn roedd e'n credu ynddo**—*that which he believed in.*
'Roedd e'n credu ynddo'— adjectival clause with a preposition.
Compare—

     y stafell rydw i'n eistedd ynddi
     y llong y teithiais i arni, etc.

y Mudiad roedd e wedi ei adeiladu—*the Movement that
he had built.* Adjectival clause with possessive pronoun
referring back to the subject of the sentence. The construction
is the same as that of ' beth ydy'r gwaith mae e'n ei wneud ? '
—*what is the work (that) he is doing ?*

mynd yn ofer—*to go waste.*

23   **feddyliais i erioed fod dynion Mr. Basil mor beryglus**—
I never thought that Mr. Basil's men were so dangerous.

wyddon ni ddim—*we don't know.* Present tense of ' gwybod '.

mae'n od iawn nad ydy e ddim wedi ffonio—*it's very
odd that he hasn't phoned.* ' Nad ydy e ddim . . . etc.'—noun
clause, negative form of ' mae'n od iawn ei fod e wedi ffonio '.

cael gafael ar—*to get hold of.*

gwnewch bopeth allwch chi—*do everything you can.*

gwnewch unrhyw beth sy raid—lit : *do anything which is
a must. Do anything you must.*

24   **y distawrwydd ddilynodd sgrech Nest**—*the silence which
followed Nest's scream.* ' Ddilynodd sgrech Nest '—adjectival
clause.

dim cyfle i chi ddianc—*no chance for you to escape.*

wedi cael eu bolltio—*have been bolted.* Passive voice with
' cael ' construction.

fe ges i fy nhwyllo—*I was tricked.* Passive voice with ' cael '
construction.

fe wyddoch chi—*you know.* Present tense of ' gwybod '.

fe fyddai'n arbed—*it would spare.* Imperfect conditional
tense.

pe baech chi'n ei rhoi hi—*if you were to give it.* 2nd person
plural of special imperfect conditional form of ' bod ' after
' pe '. See note page 10 above.

fe welai Alwyn—*Alwyn could (was able to) see.*

ei fod o ddifri—*that he was serious.* Noun clause with ' bod '
construction.

doed a ddelo—idiom—*come what may.*

gan obeithio byddai rhywbeth yn digwydd—*hoping
(that) something would happen.*

am beth rydych chi'n sôn—lit : *about what are you talking.*

wnewch chi symud ?—*will you move ?*

25 **yr un mor sydyn ag y dechreuodd e**—*as suddenly as it started.*

os nad ydych chi'n mynd i gyd-weithredu—*if you are not going to co-operate.*

nid gêm ydy hyn—*this isn't a game.* Negative of emphatic sentence.

waith hi fydd yn dioddef—*because it is she who will suffer.*

fe gewch chi wylio—*you can watch.*

fe rof i un siawns i chi—*I'll give you one chance.* ' Fe rof i '—present/future tense of ' rhoi '.

Oedd yna rywbeth gallai e gydio ynddo ?—*was there something he could grasp ?* ' Gallai e gydio ynddo '—adjectival clause with a preposition. See note on page 22 above.

26 **chai e byth ddigon o amser**—*he would never have enough time.*

pe bai e'n gallu tynnu sylw—*if he could draw the attention.* ' Bai '—imperfect conditional form of ' bod ' after ' pe '.

â'i holl egni—*with all his might (energy).*

wrth i gornel siarp y bocs daro—*as the sharp corner of the box hit.*

ar ei hyd—lit : *at his length*—*flat.*

tra bydda i'n ei glymu fe—*while I am tying him.*

os gwnaiff e—*if he does.* ' Gwnaiff ' — future tense of ' gwneud ' ;

 fe wna i—*I shall do/make*
 fe wnei di—*you will do*
 fe wnaiff e/hi—*he/she will do*
 fe wnawn ni—*we shall do*
 fe wnewch chi—*you will do*
 fe wnân nhw—*they will do*

ddylai fe ddim—*(which) he shouldn't.* Adjectival clause.

roedd e wedi cael ei glymu—*he had been tied.*

rhag iddo weiddi—*lest he shout.*

27 **allwn ni byth ddianc**—*we can never escape.* Present/future tense of ' gallu '.

mae'r drysau wedi cael eu bario—*the doors have been barred.*

wn i ddim wir—*I don't know indeed.*

mae hi'n edrych yn eitha du arnon ni—*it's looking quite black for us.*

fe ddylwn i—*I ought to.* 1st person singular imperfect conditional tense. This verb exists only in this tense. The full conjugation :

 fe ddylwn i—*I ought to ; should*
 fe ddylet ti
 fe ddylai fe/hi

fe ddylen ni
fe ddylech chi
fe ddylen nhw.

oni bai ei fod e'n gloff—same meaning as ' pe bai e ddim yn gloff '—*were he not lame.* ' Bai '—see note for page 10.

Gad lonydd iddo fe—*leave him alone.*

weli di ?—*do you see ?* 2nd person singular present/future tense of ' gweld '.

gwela—*Yes, I see.*

28 **iddyn nhw allu eu codi nhw**—*for them to be able to lift them.*

wrth iddi hi deithio—*as it travelled.* This is the same construction as after ' cyn '.

rhywfodd neu'i gilydd—*somehow or other.*

mor bell ag y medrai e—*as far as he could.*

heb i'r bocsys i gyd syrthio—*without all the boxes falling.* Same construction as after ' cyn ' and ' wedi '.

rhag ofn i'r gwydr neidio—*for fear the glass jumps.* Same construction as after ' cyn ', ' wedi ', ' wrth ', etc.

29 **fe'i teimlodd ei hun yn cael ei thynnu**—*she felt herself being pulled.*

fyddwn i ddim wedi gadael i ti—*I wouldn't have let you.* Imperfect conditional tense of ' bod '.

efallai bydda i'n handi—*perhaps I shall be handy.* ' Bydda'—1st person singular future tense of ' bod '.

fe fydda i—*I shall be*
fe fyddi di—*you will be*
fe fydd e/hi—*he/she will be*
fe fydd y dyn—*the man will be*
fe fyddwn ni—*we will be*
fe fyddwch chi—*you will be*
fe fyddan nhw—*they will be*
fe fydd y dynion—*the men will be*

pan fydd y lorri'n stopio—*when the lorry stops (will be stopping).*

30 **doedd dim sôn am neb**—*there was no sign of any one.*

ti sy gynta—*you first.* Emphatic sentence with complement of the verb at the beginning. See note for page 7.

feddyliais i ddim bydden ni'n dianc—*I didn't think we would escape.* ' Bydden ni ' etc.—noun clause containing imperfect conditional tense of ' bod '.

31 **mae e wedi gweld ein bod ni wedi dianc**—*he has seen that we have escaped.* ' Ein bod ni . . .'—noun clause with ' bod ' construction.

lawr y stryd â nhw—*down the street they went.* Lit : *down the street with them.* Compare—i ffwrdd â ni ; i mewn â nhw, etc.

Beth wnawn ni ?—*what shall we do ?*

wrth i yrrwr y car droi'r llyw—*as the car driver turned the wheel.* See note on the construction above.

32 **a'i thynnu ei hun ar y to**—*and pulled herself onto the roof.*

fe gei di—*you will have.*

erbyn i'r ddau ddyn gyrraedd—*by the time the two men had reached* . . . Same construction as after ' cyn ', ' wedi ', etc.

fe fyddai hi'n dipyn o gamp iddyn nhw—*it would be quite a feat for them.*

33 **Oes yna rywbeth gallwn ni ei roi ?**—*is there anything we can put ?*

nes i ymyl y sinc syrthio—*until the edge of the zinc fell.* Same construction as after ' cyn ', ' wedi ', etc.

yn lletach nag oedd hi wedi meddwl—*wider than she had thought.*

cyn gynted ag oedd hi'n sefyll yr ochr draw—*as soon as she was standing the other side.*

34 **wedi ei syfrdanu**—*astounded.*

fe drodd ar ei sawdl—*he turned on his heel.*

35 **roedd hi'n braf bod yn ddiogel**—*it was good to be safe.*

rydyn ni'n lwcus iawn ein bod ni'n fyw—*we are very lucky that we are alive.* ' Ein bod ni . . .'—noun clause with ' bod ' construction.

fe fu'r ddau yna bron â'n lladd ni—*those two nearly killed us.*

mae'n well i ni gael gwared o'r amlen—*we'd better get rid of the envelope.* Lit : *it is better for us.* Same construction as with ' rhaid '.

mae'n bosibl bydd y bachgen cloff yn yr Eisteddfod— *it's possible that the lame boy will be in the Eisteddfod.* ' Bydd y bachgen . . .'—noun clause.

36 **lle bynnag bydd e'n mynd**—*wherever he will be going.*

Ond gofala na fydd e ddim yn dy weld di—*but take care that he won't see you.* ' Na fydd e ddim . . .''—negative noun clause.

Pe baen ni'n gallu—*if we could.* See note above on form of ' bod ' after ' pe '.

a sôn am y polis—*talking about the police.*

doedd dim posibl iddyn nhw osgoi—*it wasn't possible for them to avoid.*

37 **gymaint o gymwynas wnaeth e**—*what a favour he did.*

38 **onibai am y digwyddiad bach yna**—*were it not for that little occurrence.*

39 **roedd seremoni coroni'r bardd newydd orffen**—*the ceremony of crowning the bard had just finished* (lit : *newly finished*)

ac i feddwl mai ar ei ffordd . . . roedd hi—*and to think.*
that she was on her way (lit : *that on her way . . . she was*). Noun
clause linked to main clause by ' mai ' since the normal word
order has been changed for emphasis. Normal word order
would be—' roedd hi ar ei ffordd ', but here ' ar ei ffordd ' is
brought to the beginning for emphasis.

40   **gan obeithio byddai pawb yn symud**—*hoping everyone*
would move.
yn fyr—*abruptly.*

41   **pobl dda a pharchus oedd yn perthyn**—*it was good,*
respectable people who belonged. Emphatic sentence.
pobl oedd yn gweithio'n dawel . . . oedden nhw—*they*
were people who worked quietly. Emphatic sentence.
roedd eu gwaith yn dechrau dwyn ffrwyth—*their work*
was beginning to bear fruit.

42   **mae'n well i chi sefyll**—*you had better stand.* Lit : *it is*
better for you to stand.
rhag ofn iddi hi geisio dianc—*in case she tries to escape.*
Same construction as after ' cyn ', etc.
rydyn ni'n benderfynol o gael yr amlen—*we are deter-*
mined to get the envelope.
fe wyddon ni—*we know.* Present/future tense of ' gwybod '
    fe wn i —*I know ; I shall know*
    fe wyddost ti—*you know*
    fe wŷr e/hi—*he/she knows*
    fe wyddon ni—*we know*
    fe wyddoch chi—*you know*
    fe wyddan nhw—*they know*
nad ydy dyfodol y Mudiad Rhyddid yn golygu fawr
ddim i chi—*that the future of the Freedom Movement doesn't*
mean anything much to you. Negative noun clause.
arian yn unig sy'n cyfri i chi—*it is money alone which*
counts for you. Emphatic sentence.
Mae rhaid fod Mr. Basil wedi talu arian mawr—*Mr.*
Basil must have paid great money. ' Fod Mr. Basil . . . etc.'—
noun clause with ' bod ' construction.
unrhyw swm enwch chi—*any sum you name.*
fyddai'n well iddi hi gadw'n dawel ?—*would it be better*
for her to keep quiet ?
dweud y gwir oedd orau iddi hi—lit : *to tell the truth was*
best for her. Emphatic sentence.
nhw laddodd Doctor Goronwy—*it was they who killed Dr.*
Goronwy. Emphatic sentence.
coeliwch chi fi—*believe you me.*

pa hawl sy gennych chi i ddweud hynna ?—*what right have you got to say that ?*

43 **gadewch i mi ddeall**—*let me understand.*

ydych chi'n dweud mai Cyril yma laddodd . . .—*are you saying that Cyril here killed . . .* 'Mai Cyril yma . . .etc.'—noun clause with 'Cyril yma' brought before the verb for emphasis. Introduced therefore by 'mai'.

Fe deimlai Nest fod popeth yn dibynnu ar hynny—*Nest felt that everything depended on that.*

mai Alwyn laddodd y dyn—*that it was Alwyn who killed the man.* Emphasis clause introduced by 'mai'.

dim ond y ferch yma all ein helpu ni nawr—*only this girl can help us now.* See above for present/future forms of 'gallu'.

os nad oeddech chi'n gwybod—*if you didn't know.*

mai Cyril oedd y llofrudd—*that Cyril was the murderer.* Emphatic noun clause introduced by 'mai'.

doed a ddelo—*come what may.*

i Stryd y Castell ddywedodd e—*to Castle Street he said.*

44 **fe welodd Nest eu bod nhw'n coelio ei stori hi**—*Nest saw that they believed her story.* 'Eu bod nhw . . . etc.'—noun clause with 'bod' construction.

roedd hi'n hen bryd iddyn nhw—*it was high time for them (to do so).*

roedd hi wedi cael hen ddigon ar eu chwarae plant nhw—*she had had quite enough of their childs' play.*

oes ofn yr heddlu arnoch chi ?—*are you afraid of the police ?*

gadewch i ni ddweud yn unig—*let us only say.*

pe bai'r polîs yn cael gafael arni hi—*if the police were to get hold of it.*

nid chwarae roedden nhw—*they were not playing.* Negative emphasis sentence.

pam na feddyliais i yn gynt ?—*why didn't I think sooner ?*

unwaith i Mr. Basil gael ei ddwylo ar yr amlen yna—*once Mr. Basil gets his hands on that envelope.*

er fy mod i'n eitha siŵr ei bod hi'n dweud y gwir—*although (that) I am quite sure that she is telling the truth.*

sy mor bwysig i bawb—*which is no important to everyone.*

na chewch chi byth wybod—*that you will never get (be allowed) to know.* Negative noun clause. Note idiomatic use of 'cael'—see note for page 11.

chewch chi byth roi—*you will never be allowed to put.*

45 **roedd y gweddill i gyd wedi cael eu tynnu i lawr**—*the rest had all been pulled down.*

roedd peiriannau mawr swnllyd wrthi yn llwytho—*big noisy machines were at it loading.*

dyma'r ffordd byddai'r drafffordd newydd yn dod—*this is the way the new by-pass would be coming.*

doedd dim golwg fod neb yn byw—*there was no sign that anyone lived.*

roedd ei lygaid wedi eu hoelio—*his eyes were nailed.*

fe wyddai Alwyn nad oedd unrhyw bwynt ceisio ymladd—*Alwyn knew that there wasn't any point trying to fight.* 'Fe wyddai '—3rd person singular imperfect tense of ' gwybod'.

> Fe wyddwn i—*I knew, used to know*
> fe wyddet ti
> fe wyddai e/hi
> fe wydden ni
> fe wyddech chi
> fe wydden nhw

' Nad oedd unrhyw bwynt '—negative noun clause.

46 **pe bawn i'n gwybod**—*if I knew.* See note above for ' pe '.

fe benderfynodd Alwyn beidio â dweud dim byd—*Alwyn decided not to say anything.* Note the use of ' peidio ' meaning ' not to '. Similarly—' peidio â mynd '—' not to go ', ' peidio ag aros '—' not to stay '.

am fod rhywun wedi dweud wrthych chi—*because someone had told you.* ' Am fod '—because (that). Similar constructions—' gan fod '—since, ' er fod '—although.

fe welai Alwyn—*Alwyn saw (could see).* Imperfect tense of ' gweld '.

ddylwn i ddweud—*I should say.*

ei fod e'n mynd i gael y stori i gyd—*that he was going to get the whole story.* Noun clause using ' bod ' construction.

gorau oll—*all the better.*

47 **pe bai'r byd yn cael gwybod**—*if the world were to get to know.*

unrhyw swm byddwn i'n ei enwi—*any sum I would name.*

doedd gen i ddim ond bygwth—*I had only to threaten.*

mae rhaid ei fod e wedi dyfalu fod rhywun—*he must have guessed that someone.*

48 **mor wyn â'r galchen**—*as white as (the) chalk.*

cyn gynted ag y medrwn ni—*as fast as we can.* ' Medrwn ni '—1st person plural present/future tense of ' medru ' to be able.

mae'r cythraul Goronwy wedi ein twyllo ni—*the devil Goronwy has cheated us.*

50 **nad oedd neb yn gwybod lle roedd e**—*that no one knew where he was.* Negative noun clause.

ei bod hi'n amhosibl rhyddhau'r cylymau o gwbl—*that it was impossible to loosen the knots at all.* Noun clause.

y sŵn roedd e wedi bod yn aros amdano—*the sound he had been waiting for.* Adjectival clause governed by a preposition. See note above.

wrth i'r olwynion anferth fynd heibio—*as the huge wheels went past.*

cerrig mawr yn cael eu llwytho—*large stones being loaded.*

oedd yn goleuo'r gwaith—*which lit the work.* Adjectival clause.

fel pe bai trên . . . *as if a train* . . .

51 **i gael ei falu'n fil o ddarnau**—*to be ground into a thousand pieces.*

oedd e'n ei choelio hi ?—*did he believe her ?*

fyddai e'n meddwl mai celwydd oedd ei stori hi—*would he think that her story was a lie.* ' Mai celwydd . . . etc.'—noun clause with ' celwydd ' brought before the verb for emphasis, therefore introduced by ' mai '.

fe'i cawn ni e allan—*we shall get him out.* ' Cawn '—1st person plural present/future tense of ' cael '.

os na fydd e yno—*if he is not (will not be) there.*

fe awn ni—*we shall go.* Present/future tense of ' mynd ' :

    fe a i—*I go ; shall go*
    fe ei di
    fe a e/hi
    fe awn ni
    fe ewch chi
    fe ân nhw

52 **roedd e'n gwybod byddai hi ar ben arno fe**—*he knew (that) it would be all over for him.* ' Ar ben ar '—idiom—all over for.

pan fyddai'r wal yna wedi syrthio—*when that wall would have fallen.*

ac yntau'n gorwedd yn gorff—lit : *and he lying a body.*

led y pen—idiom—*open wide.*

yn gynt nag oedd Alwyn yn disgwyl—*sooner than Alwyn expected.*

doedd dim posibl iddo fe fyw—*there was no possibility for him to live.*

mor agos i'r llawr ag y medrai—*as close to the floor as he could.*

roedd sŵn y brics wedi peidio—*the noise of the bricks had stopped.*

53 **yr unig beth oedd wedi ei achub e**—*the only thing which had saved him.* ' Oedd wedi . . . etc.'—adjectival clause.

54 **chewch chi byth mohoni hi**—*you shall never get it.*

dyma'r llythyr oedd yn yr almen—*here's the letter which was in the envelope.* Adjectival clause.

73

ac yna ei basio fe—*and then passed it.*

fe fydd Doctor Goronwy wedi marw—*Dr. Goronwy will have died.*

all neb wneud dim drwg—*nobody can do any harm.*

55 **ein bod ni bob amser yn cario gynnau**—*that we always carry guns.* Noun clause with ' bod ' construction.

fel gwyddoch chi—*as you know.*

nad oedden nhw'n credu—*that they didn't believe.* Negative noun clause.

pe baen nhw'n meddwl ein bod ni'n credu—*if they thought that we believed.*

fod ein pobl ni'n cadw'n glir—*that our people keep clear.* Noun clause with ' bod ' construction.

fe fyddai hynny'n ddigon i orffen y Mudiad Rhyddid—*that would be enough to finish the Freedom Movement.*

byddai pethau yr un mor ddrwg i chi—*that things would be just as bad for you.* Noun clause containing imperfect conditional tense of ' bod '.

56 **dyna hi ar ben arnon ni**—lit : *there it is all over for us, It would be all over for us.*

Dyn oedd yno—emphatic sentence—*it was a man there.*

mai Mr. Basil . . . oedd e—*that he was Mr. Basil.* Noun clause with Mr. Basil brought before the verb for emphasis therefore introduced by ' mai '.

os na fydden ni yn talu—*if we wouldn't pay.*

fe anfonwyd Cyril—*Cyril was sent.* ' Anfonwyd '—past impersonal form of ' anfon '.

fe'i cefais i e wedi marw—*I found him* (lit : *I had him*) *dead.*

yr unig beth arall welais i—*the only other thing I saw.*

mai un o ddynion Mr. Basil oeddech chi—*that you were one of Mr. Basil's men.* Emphatic noun clause introduced by ' mai '.

57 **dydw i ddim yn arfer**—*I don't usually.*

i mi eich taro chi—*that I hit you.* Construction used to translate noun clause containing past tense. See note for page 14.

eich bod chi'n deall—*that you understand.* Noun clause.

pam roedd Doctor Goronwy yn fy nanfon i—*why did Doctor Goronwy send me.*

fod Dr. Goronwy wedi ein bradychu ni—*that Dr. Goronwy had betrayed us.*

dyna roedd Mr. Brasil yn ei feddwl—*that's what Mr. Basil thought (was thinking).*

mae rhaid fod Dr. Goronwy wedi ei rhoi hi—lit : *it must be that Dr. Goronwy had given it. Dr. Goronwy must have given it.*

58 **mai yn honno roedd y rhestr**—*that the list was in that one.*
Emphatic noun clause.

efallai eich bod chi wedi anghofio—*perhaps (that)you have
forgotten.* ' Bod ' construction after ' efallai '.

a'i fod e'n siŵr—*and that he was sure.*

eu bod nhw am ei ladd e—*that they wanted to kill him.*
Idiomatic use of ' am '.

er mwyn—*for the sake of.*

i beidio a rhoi dim o hanes heddiw—*not to put any
today's story.*

59 **stori roedden nhw wedi bod drwy ddŵr a thân i'w
chael**—*a story they had been through fire and water to get.*

fe ddywedwn ni wrth . . .—*we shall tell . . .*

am ei bod hi'n ddiwrnod braf—*because it was a fine day.*

os collwn ni—*if we (shall) lose.*

GEIRFA—VOCABULARY

(m.—masculine ; f.—feminine ; pl.—plural ; adj.—adjective ;
conj.—conjunction)

A

a (ac before vowels), *and*
ac ati, *etcetera*
â (ag before vowels), *with, as*
   mor wyn â, *as white as*
achub, *to save*
adeiladu, *to build*
adeiladu, *to build*
adnabod, *to know, recognise*
adrodd, *to recite, tell*
adroddiad(au), m., *report*
adroddiad(au), m., *report, recitation*
addo, *to promise*
afiach, *unhealthy*
afreolus, *unruly, wild*
agor, *to open*
   ar agor, *open*
angau m., *death*
ail, *second*
   ar yn ail, *alternatively*
allan, *out*
allwedd(i) f., *key*
am, *for*
amau, *to suspect*
amddiffyn, *to protect*
amgylch, o amgylch, *around*
amheuaeth m., *doubt*
amhosib(l), *impossible*
amlen (amlenni) f., *envelope*
amlwg, *clear, plain, obvious*
amser(au), m., *time*
amynedd m., *patience*
anadl m., *breath*
anadlu, *to breathe, breathing*
anferth, *huge*
anfon, *to send*
annioddefol, *unbearable*
anobaith m., *despair*
anodd, *difficult*
ar, *on*

ara(f), *slow*
arafu, *to slow*
arall, *other, else*
arbed, *to save, spare*
arf(au), m., *weapon*
arian m., *silver, money*
aros, *to wait*
arth (eirth) f., *bear*
arwr (arwyr) m., *hero*
arwain, *to lead*
arweinydd (ion) m., *leader*
arwydd(ion) m., *sign*
asen (asennau) f., *rib*
asgwrn (esgyrn) m., *bone*
at, *to, up to, towards*
ateb(ion) m., *answer*
ateb, *to answer*
atseinio, *to echo*
awr (oriau) f., *hour*
awyddus, *keen*
awyr m., *air, sky*

B

bach, *small*
bachgen (bechgyn) m., *boy*
baglu, *to stumble*
balch, *glad, proud*
bar (barrau) m., *bar*
bargen(ion) f., *bargain*
baril(au) f., *barrel*
basged(au) f., *basket*
benthyciwr (benthycwyr), m., *lender*
beth, *what*
   beth bynnag, *whatever*
bisged(i) f., *biscuit*
blaen (blaenau) m., *front*
   o flaen, *in front of*
   o'r blaen, *before, formerly*
ble, *where*

blewog, *hairy*
blinedig, *tired*
blino, *to tire*
bloeddio, *to shout*
blwyddyn (blynyddoedd) f., *year*
blynedd (blynyddoedd) f., *year*
boch(au) f., *cheek*
bocs (bocsys), m., *box*
bod, *to be*
bodlon, *willing, content*
bol(iau) m., *stomach, belly*
bolltio, *to bolt*
bore (boreau) m., *morning*
bradychu, *to betray*
braf, *fine, nice*
braich (breichiau) f., *arm*
brêc(s) m., *brake*
brenin (brenhinoedd) m., *king*
brest f., *breast*
bric(s) f., *brick*
bron, *nearly*
brwydro, *to fight, struggle*
brysio, *to hurry*
budr, *dirty*
busnes m., *business*
buwch (buchod) f., *cow*
bwlch (bylchau) m., *gap*
bwled(i) f., *bullet*
bwlyn m., *knob*
bwrdd (byrddau) m., *table*
bwriadu, *to intend*
bws (bysys, bysiau) m., *bus*
bwyd m., *food*
bwyta, *to eat*
bychan, *small*
byd m., *world*
  dim byd, *nothing*
byddarol, *deafening*
bygwth, *to threaten*
bylb(iau), *bulb*
bynnag, beth bynnag, *anyway, whatever*
bys (bysedd) m., *finger*
byth, *ever, still*
byw, *live*
byw, *to live*
bywyd(au) m., *life*

C

caban(au) m., *hut*
cadair (cadeiriau) f., *chair*
cadw, *to keep*
cael, *to have, to receive, to be allowed to, to get to*
caffe m., *cafe*
calchen f., *chalk*
caled, *hard*
calon (calonnau) f., *heart*
call, *wise*
cam (camau) m., *step*
camp(au), m., *feat*
canlyniad(au) m., *consequence, result*
canllath, *hundred yards*
canol m., *middle*
canolfan m., *headquarters*
canrif(oedd) f., *century*
cant, can (cannoedd) m., *hundred*
canu, *to sing, ring*
carchar(au) m., *prison*
caredig, *kind*
cariad m., *love*
cariad(on) m.f., *sweetheart*
cario, *to carry*
carlamu, *to gallop*
carreg (cerrig) f., *stone*
cas, *nasty*
casineb m., *hatred*
castell (cestyll) m., *castle*
cau, *to close*
  ar gau, *closed*
cawr (cewri) m., *giant*
ceffyl(au) m., *horse*
cefn(au) m., *back*
ceg(au) f., *mouth*
cegiad f., *mouthful*
ceisio, *to try*
celwydd(au) m., *lie*
cerbyd(au) m., *carriage*
cerdded, *to walk*
cic m., *kick*
cicio, *to kick*
cip m., *glance, glimpse*
clawdd (cloddiau) m., *hedge*

clec f., *clash, crash*
clecian, *to rattle*
cledr(au) m., *palm, butt (of gun)*
clep m., *clap, bang*
clepian, *to bang*
clicied f., *catch*
clir, *clear*
clirio, *to clear*
cloff, *lame*
clos, *close, musty*
clust(iau) f., *ear*
clwyd(i) f., *gate*
clyfar, *clever*
clymu, *to tie*
clywed, *to hear*
cnaf(on) m., *knave, rascal*
cnawd m., *flesh*
cnoc(iau) m., *knock*
cnocio, *to knock*
coch, *red*
codi, *to get up, lift, rise*
coelio, *to believe*
coes(au) f., *leg*
cofio, *to remember*
coffi m., *coffee*
colli, *to lose*
corff (cyrff) m., *body*
corn (cyrn) m., *horn*
cornel(i) m., *corner*
coroni, *to crown*
cownter m., *counter*
craciog, *cracked*
crafanc (crafangau)f., *claw*
crafu, *to scratch*
credu, *to believe*
creulon, *cruel*
criw(iau) m., *crew*
croen (crwyn) m., *skin*
croesi, *to cross*
croeso m., *welcome*
crwn, *round*
cryf, *strong*
crynu, *to shake, tremble*
crys(au) m., *shirt*
cudd, *hidden, secret*
cuddio, *to hide*

cul, *narrow*
  culach, *narrower*
curo, *to knock, beat*
cwestiwn (cwestiynau) m., *question*
cwlwm (cylymau) m., *knot*
cwmni(au) m., *company*
cwmpas, o gwmpas, *around, about*
cwmwl (cymylau) m., *cloud*
cwpanaid m., *cupful*
cwrdd â, *to meet*
cychwyn, *to start*
  ar gychwyn, *about to start*
cydio (yn), *to take hold (of), grasp*
cyd-weithredu, *to co-operate*
cyfan, *everything*
cyfarwydd (â), *accustomed (to)*
cyfeillgar, *friendly*
cyfeiriad(au) m., *direction, address*
cyfle m., *chance*
cyfleus, *handy*
cyflym, *fast*
cyfraith (cyfreithiau) f., *law*
cyfrifoldeb(au) m., *responsibility*
cyfrinach(au) f., *secret*
cyffrous, *exciting*
cyffyrddus, *comfortable*
cyhoeddi, *to announce*
cyllell (cyllyll) f., *knife*
cymaint, *so much, so many, as much, as many*
cymryd, *to take*
cymwynas(au) f., *favour*
cyn, *before*
  cyn bo hir, *before long*
cynffon(nau) f., *tail*
cynllun(iau) m., *plan*
cynnau, *to light*
cynnwys m., *contents*
cynt, *earlier*
cynta (f), *first*
cynulleidfa(oedd) f., *audience*
cyrraedd, *to reach*
cysgu, *to sleep*
cystadleuydd (cystadleuwyr) m., *competitor*
cystadlu, *to compete*
cysylltiad(au) m., *connection*

cytuno, *to agree*
cythraul (cythreuliaid) m., *devil*

CH

chi, *you*
chwaith, *either*
chwalu, *to destroy*
chwarae, *to play*
chwarel(i) m., *quarry, window pane*
chwarter(au) m., *quarter*
chwech, *six*
    chweched, *sixth*
chwerthin, *to laugh*
chwilio, *to search*
chwinciad m., *wink, twinkling*
chwith, *left*
chwyrnu, *to snore*
chwys m., *sweat*
chwythu, *to blow*

D

da, *good*
dadlau, *to argue*
daear f., *earth, ground*
dal, *to catch, hold, keep on*
dalen(nau) f., *page*
dallu, *to blind*
damwain (damweiniau) f., *accident*
dan, *under*
danfon, *to send*
dangos, *to show*
dant (dannedd) m., *tooth*
    dannedd gosod, *false teeth*
darganfod, *to find*
darn(au) m., *piece*
darllen, *to read*
datod, *to untie*
dau, *two*
dawnsio. *to dance*
de m., *right*
deall, *to understand*
dechrau, *to start*
defnyddio, *to use*
defnyddiol, *useful*
deg, *ten*
deigryn (dagrau) m., *tear*

deilchion m., *smithereens*
delio, *to deal*
deniadol, *attractive*
derw, *oak*
desg(iau) f., *desk*
deuddeg, *twelve*
deugain, *forty*
dewis m., *choice*
dewis, *to choose*
dial m., *revenge*
diamddiffyn, *helpless*
dianc, *to escape*
diarddel, *to disown*
diawl(iaid) m., *devil*
dibynnu, *to depend*
diddordeb(au) m., *interest*
diegwyddor, *unprincipled*
dierth, *strange*
diflannu, *to disappear*
difri(f), *serious*
difrifol, *serious*
di-garped, *carpetless*
digon, *enough, plenty*
    hen ddigon, *far enough*
digwydd, *to happen*
dilyn, *to follow*
dim, *anything, no,* **nothing**
    dim ond, *only*
    dim byd, *nothing*
dinas(oedd) f., *city*
diniwed, *innocent*
dioddef, *to suffer*
diogel, *safe*
diogelu, *to ensure, keep safe*
diogelu, *to ensure, keep safe*
diolch m., *thanks*
    diolch byth, *thank goodness*
di-raen, *bleak*
dirgelwch m., *mystery*
disgleirio, *to shine, sparkle*
disgwyl, *to wait, wait for, expect*
disgyn, *to fall, go down*
distaw, *quiet*
distawrwydd n., *silence*
ditectif m., *detective*
diwedd m., *end*

o'r diwedd, *at last*
diwetha(f), *last*
diwrnod(iau) m., *day*
doc(iau) m., *dock*
dod, *to come*
  dod â, *to bring*
  dod o hyd i, *to find*
dodrefn m., *furniture*
dolen f., *handle*
doniol, *funny*
drain f.pl., *thorns*
draw, *over*
dringo, *to climb*
dros, *over*
  dros ben, *extremely*
druan, *poor thing*
drwg, *bad, evil*
  mae'n ddrwg gen i, *I'm sorry*
drws (drysau) m., *door*
du (duon), *black*
dug m., *duke*
dull(iau) m., *method*
dur m., *steel*
dweud, *to say, tell*
dwrn (dyrnau) m., *fist*
dwsin(au) m., *dozen*
dwylo (pl.), *hands*
dwyn, *to steal, bear*
dy, *your*
dychmygu, *to imagine*
dyfalu, *to guess*
dyfnder(oedd) m., *depth*
dyfodol m., *future*
dylai fe, *he should*
dyma, *here is*
dyn (dynion) m., *man*
dyna, *there is*

E

e, *he, him*
edmygu, *to admire*
edrych, *to look*
efallai, *perhaps*
effaith (effeithiau) m., *effect*

effro, *awake*
egni m., *energy,*
egwyddor(ion) f., *principle*
ei, *his, her*
eiliad(au) m., *second*
ein, *our*
eira m., *snow*
eisiau m., *want*
  mae arna i eisiau, *I want*
eistedd, *to sit*
eitha(f), *quite*
ennill, *to win*
enwi, *to name*
erbyn, *against, by the time*
  erbyn hyn, *by now*
ergyd(ion) f., *blow, shot*
erioed, *ever, never*
ers, *since*
esbonio, *to explain*
esgid(iau) f., *shoe*
esgusodi, *to excuse*
estyn, *to stretch, hold out*
eto, *again*

F

faint, *how much, how many*
fe, *he, him*
fel, *like, as*
felly, *so*
fi, *I, me*
fory, *tomorrow*
fy, *my*
fyny (i fyny), *up*

FF

ffaith (ffeithiau) f., *fact*
ffansïo, *to fancy*
ffarwelio, *to say goodbye*
ffau f., *den*
ffawd-heglu, *to hitch-hike*
ffelt m., *felt*
ffenest(ri) f., *window*

fflach(iau) m., *flash*
fflachio, *to flash*
fflat(iau) f., *flat*
ffôl, *foolish*
ffonio, *to phone*
ffordd (ffyrdd) f., *way, road*
ffram(iau) f., *frame*
ffrind(iau) m., *friend*
ffrwyth(au) m., *fruit*
ffrynt m., *front*
ffŵl (ffyliaid) m., *fool*
ffwrdd, i ffwrdd, *away*
ffyddlon, *faithful*
ffyrnig, *fierce*
ffys m., *fuss*

G

gadael, *to leave*
   gadael i, *to allow, to let*
   gadael llonydd i, *to leave alone*
gafael f., *hold, gear*
gafael, *to hold*
gair (geiriau) m., *word*
galaru, *to mourn*
gallu, *to be able*
gan, *with, by, from*
   mae gen i, *I have*
gard m., *guard*
gefel (gefeiliau) f., *pincers*
gelyn(ion) m., *enemy*
gêm (gemau) f., *game*
gên(au) f., *chin*
gilydd, ei gilydd, *each other*
glan (glannau) p., *shore*
glân, *clean*
glanio, *to land*
glas, *blue*
go, *rather, somewhat*
go dratia !, *drat !*
gobaith (gobeithion) m., *hope*
gobeithio, *to hope*
gofalu, *to ensure, be careful, take care*
gofalus, *careful*
gofyn, *to ask*

gohebydd m., *reporter*
golau (goleuadau) m., *light*
golau, *light—colourd*
goleuo, *to light*
golwg m., *sight, look*
golygus, *handsome*
golygydd(ion) m., *editor*
gollwng, *to let out, drop*
gorau, *best*
   o'r gorau, *all right*
gorchymyn (gorchmynion) m., *order*
gorfodi, *to force*
gorffen, *to finish*
gormod, *too much*
gorsaf(oedd) f., *station*
gorwedd, *to lie*
gosgeiddig, *graceful*
gosod, *to place*
griddfan, *to groan*
gris(iau) m., *step, rung*
gwaed m., *blood*
gwaedd f., *shout*
gwaelod(ion) m., *bottom*
gwag, *empty*
gwaith (gweithiau) m., *work*
gwallgo, *mad*
gwallt(iau) m., *hair*
gwan, *weak*
gwar m., *nape of neck*
gwared, cael gwared o, *to get rid of*
gwasg f., *press*
   y Wasg, *the Press*
gwasgu, *to press*
gwddw (gyddfau) m., *neck, throat*
gweddi (gweddiau) f., *prayer*
gweddill m., *rest*
gweiddi, *to shout*
gweithio, *to work*
gweithiwr (gweithwyr) m., *workman*
gweld, *to see*
gwely (gwelyau) m., *bed*
gwell, *better*
gwen f., *white*
gwên(au) f., *smile*
gwenu, *to smile*
gwerthfawr, *valuable*

gwib, ar wib, *at speed*
gwibio, *to speed*
gwichian, *to squeal*
gwingo, *to writhe*
gwir m., *truth*
gwir, *true*
   yn wir, *indeed*
gwlad (gwledydd) f., *country*
gwmpas, o gwmpas, *around*
gwn (gynau) m., *gun*
gwneud, *to do, make*
gŵr (gwŷr) m., *man*
gwrando, *to listen*
gwrhydri m., *bravery*
gwrido, *to blush*
gwrthod, *to refuse*
gwthio, *to push*
gwybod, *to know*
gwydr(au) m., *glass*
gwyliau m.pl., *holidays*
gwylio, *to watch*
gwyllt, *wild*
gwyn m.adj., *white*
gwynnach, *whiter*
gwynt(oedd) m., *wind, breath*
   a'i wynt yn ei ddwrn, *out of breath*
gwyrdd, *green*
gwyrth(iau) f., *miracle*
gyd, i gyd, *all*
gyda (gydag before vowel), *with*
gynta(f), *first*
gyrru, *to drive*
gyrrwr (gyrwyr) m., *driver*

H

haearn m., *iron*
hamddenol, *leisurely*
hances(i) f., *handkerchief*
hanes(ion) m., *story, history*
hanner (hanerau) m., *half*
hapus, *happy*
hapusach, *happier*
hardd, *beautiful*
hawdd, *easy*

hawl(iau) m., *right*
heb, *without*
heddiw, *today*
heddlu m., *police force*
hefyd, *also*
heibio i, *past*
helpu, *to help*
helynt(ion) m., *adventure*
hen, *old*
hercian, *to limp*
het(iau) f., *hat*
hi, *she, her*
hir, *long*
hoelio, *to nail*
hoffi, *to like*
hongian, *to hang*
holi, *to ask, question, enquire*
holl, *all*
hollol, *quite*
hon f., *this one*
honna f., *that one*
hosan(au) f., *sock*
hun, hunan (hunain) , *self*
   fy hun, *myself*
hwn m., *this one*
hwnna m., *that one*
hwnnw m., *that one (one spoken of)*
hwyl f., *enjoyment*
hwyr, *late*
hyd m., *length*
   ar hyd, *along*
   o hyd, *still, all the time*
   hyd yn hyn, *until now*
   ar ei hyd, *flat out*
hyn, *this, these*
hynny, *that, those*
   er hynny, *in spite of that, yet*

I

i, *to, for, into*
   i ffwrdd, *away*
iach, *healthy*
ias(au) m., *shudder*
iawn, *very, correct, right*

ifanc, *young*
injan m., *engine*

J

jôc m., *joke*

L

landio, *to land*
lawr, *down*
lein f., *line*
lefelu, *to level*
lifar (lifrau) m., *lever*
lwc m., *luck*
lwcus, *lucky*

LL

llachar, *brilliant*
lladd, *to kill*
llai, *smaller*
llais (lleisiau) m., *voice*
llall, *other*
llam(au) m., *leap*
llath (llathau) f., *yard*
llaw (dwylo) f., *hand*
llawer, *a lot*
llawn, *full*
llawr (lloriau) m., *floor*
lle (lleoedd) m., *place, room*
lle, *where*
  lle bynnag, *wherever*
lled m., *width*
lleia(f), *least, smallest*
  o leia(f), *at least*
llen (llenni) m., *curtain*
llenwi, *to fill, fulfil*
lleidr (lladron) m., *thief*
llew (llewod) m., *lion*
llewyrchus, *well-off*
llifo, *to flow, run*
lliw(iau) m., *colour*

lloerig, *mad*
llofrudd(ion) m., *murderer*
llofruddiaeth f., *murder*
llofruddio, *to murder*
llon, *jolly, happy*
llonydd, *still*
lluchedyn, *gleam*
llun(iau) m., *picture*
llusgo, *to drag*
llwch m., *dust*
llwybr(au) m., *path*
llwyd, *grey*
llwyddiant m., *success*
llwyddo, *to succeed*
llwyn(i) m., *hedge, bush*
llwyth(i) m., *load*
llwytho, *to load*
llydan, *wide*
llyfr(au) m., *book*
llygad (llygaid) m., *eye*
llyw(iau) m., *steering wheel*

M

mae, *is*
mai, *that*
main, *thin*
mainc (meinciau) f., *bench*
malu, *to grind*
mân, *small*
man (mannau) m., *spot, place*
manteisio, *to take advantage*
map(iau) m., *map*
matsen (matsys) f., *match*
math(au) m., *type*
  y fath . . ., *such a . . .*
mawr, *large, big*
medru, *to be able*
meddai (fe), *said (he)*
meddwl, *to think*
meddwl (meddyliau) m., *mind*
megin(au) f., *bellows*
melyn, *yellow*
mellt m., *lightning*
mentro, *to dare*

merch(ed) f., *girl*
metel (metalau) m., *metal*
methu, *to fail*
mewn, i mewn, *in*
mi, *me*
mil(oedd) f., *thousand*
milltir(oedd) f., *mile*
min m., *edge*
   ar fin, *about to*
minnau, *me also, myself*
modrwy(on) f., *ring*
modur(on) m., *motor*
modd m., *way, method*
mor, *so, as*
môr (moroedd) m., *sea*
morthwyl(ion) .m, *hammer*
mud, *dumb*
mudiad(au) m., *movement*
munud(au) f., *minute*
mwgyn m., *smoke*
mwstas (mwstasys) m., *mustache*
mwy, *bigger, more*
mwya(f), *biggest, most*
mwynhau, *to enjoy*
mynd, *to go*
mynedfa f., *entrance*
mynnu, *to insist*

N

na, *no*
na, (nag before vowel), *than*
naid (neidiau) f., *jump*
naturiol, *natural*
nawr, *now*
neb, *no-one*
nef(oedd), *heaven*
   Nefoedd fawr ! *Good Heavens* !
neges (negeseuau) f., *message*
neis, *nice*
nerfus, *nervous*
nerth(oedd) m., *strength*
   nerth dy draed, *as fast as you can*
nes, *nearer*
nes, *until*
nesa(f), *next*
neu, *or*

neuadd(au) f., *hall*
newydd, *new*
newyddiadurwr (newyddiadurwyr) m., *journalist*
nhw, *them*
ni, *we, us*
ni, (nid before vowel), *not*
niwed (niweidiau), m., *harm, injury*
niwl (oedd) m., *mist, fog*
nodyn m., *note*
nofio, *to swim*
nôl, *to fetch, get*
'nôl, *back*

O

o, *out of, from*
ochenaid (ochneidiau) f., *sigh*
ochr(au) f., *edge, side*
od, *odd*
oddi tan, *under*
oddi wrth, *from*
oedd, *was*
oeri, *to go cold*
oes, *is, yes*
oes(oedd) f., *lifetime, age*
ofer, *waste*
ofn(au) m., *fright, fear*
ofnadwy, *terrible*
ofni, *to fear*
ôl (olion) m., *trace*
ôl, yn ôl, 'nôl, *back, backwards*
   ar ei ôl, *after him*
   ar ôl, *after*
olwyn(ion) f., *wheel*
ond, *but*
oni bai, *were it not, unless*
osgoi, *to avoid*
ots, does dim ots gen i, *I don't mind*

P

pa, *what, which*
paced(i) m., *packet*
paent m., *paint*
pam, *why*
pan, *when*

papur(au) m., *paper*
papur newydd, *newspaper*
pâr (parau), *pair*
parchus, *respectable*
parhau, *to last*
parod, *ready*
  yn barod, *already*
parsel(i) m., *parcel*
partner(iaid) m., *partner*
pasio, *to pass*
pawb, *everyone*
pe, *if*
pedwar, *four*
peidio â, *to refrain from, cease, stop*
peintio, *to paint*
peiriant (peiriannau) m., *machine*
pell, *far*
pellach, *further*
pella(f), *furthest*
pen (pennau) m., *head, top, end*
  ar ben, *over, finished*
  pen draw, *far end*
penderfyniad(au) m., *determination*
penderfynol, *determined*
penderfynu, *to determine, decide*
pen-glin(iau) f., *knee*
pennaeth (penaethiaid) m., *chief*
perffaith, *perfect*
person (personau) m., *person*
perswadio, *to persuade*
perthyn, *to belong*
peryglus, *dangerous*
petruso, *to be uncertain*
peth (pethau) m., *thing*
pigwrn (pigyrnau) m., *ankle*
pinc, *pink*
piti m., *pity*
piws, *purple*
plat(iau) m., *plate*
platfform m., *platform*
pleidlais (pleidleisiau) f., *vote*
pleidleisio, *to vote*
plentyn (plant) m., *child*
plîs, *please*
plisman (plismyn) m., *policeman*
plygu, *to fold, bend*

pob, *every*
pobl f., *people*
poced(i) f., *pocket*
poen(au) m., *pain*
poeni, *to worry*
poeth, *hot*
poleit, *polite*
polîs, *police*
pont(ydd) f., *bridge*
popeth, *everything*
posib(l), *possible*
poster(i) m., *poster*
pren (prennau) m., *wood*
profiad(au) m., *experience*
protestio, *to protest*
pryd(iau) m., *time*
  hen bryd, *high time*
pryd (pa bryd), *when*
pryderus, *worried*
prynu, *to buy*
prysur, *busy*
pump, five
pwrpas m., *purpose*
pwynt(iau) m., *point*
pwyntio, *to point*
pwysig, *important*
pwysicach, *more important*
pwyso, *to lean*
pysgodyn (pysgod) m., *fish*

R

restio, *to arrest*
rwbel m., *rubble*

RH

rhaff(au) f., *rope*
rhag, *from, lest*
rhai, *some*
rhaid m., *need, necessity*
  mae rhaid i mi, *I must*
rhain, *these*
rheiny, *those*

rhan (rhannau)f., *part*
rhedeg, *to run*
rheilffordd (rheilffyrdd) f., *railway*
rhes(i) f., *row*
rhestr(au) f., *list*
rhif(au) m., *number*
rhoddi, *to put, place, give*
rhoi, *to put, place, give*
rhowlio, *to roll*
rhu m., *roar*
rhuo, *to roar*
rhuthr(au) m., *rush*
rhuthro, *to rush*
rhuthro, *to rush*
rhwng, *between, among*
rhwydd, *easy*
rhwygo, *to rip*
rhwystro, *to prevent*
rhy, *too*
rhydd, *loose, free*
rhyddhad m., *relief*
rhyddhau, *to loosen*
rhyddid m., *freedom*
rhyfedd, *strange*
   dim rhyfedd, *no wonder*
rhygnu, *to scrape*
rhyw, *some*
rhywbeth, *something*
rhywfodd, *somehow*
rhywle, *somewhere*
rhywun, *some-one*
rhywrai, *some people*

S

sach(au) m., *sack*
saethu, *to shoot*
saff, *safe*
sail (seiliau) m., *foundation*
sawdl (sodlau) m., *heel*
sbectol f., *spectacles*
sbiwr (sbiwyr) m., *spy*
sbotyn (sbotiau) m., *spot*
sbwriel m., *rubbish*
sedd(au) f., *seat*

sefyll, *to stand*
sâff f., *safe*
senedd(au) f., *senate, parliament*
seremoni(au) f., *ceremony*
setlo, *to settle*
sgarff f., *scarf*
sgerbwd (sgerbydau) m., *skeleton*
sgrech(iadau) f., *scream*
sgrifennu, *to write*
sgwâr (sgwarau) m., *square*
siaced(i) f., *jacket*
siarad, *to speak, talk*
siarp, *sharp*
siawns m., *chance*
sibrwd, *to whisper, murmur*
sicr, *sure*
sigaret (sigarennau) f., *cigarette*
siglo, *to shake*
sioc m., *shock*
siop(au) f., *shop*
siŵr, *sure*
smocio, *to smoke*
sôn m., *mention, rumour, sign*
sôn, *to mention*
stafell(oedd) f., *room*
stesion f., *station*
stopio, *to stop*
stordy (stordai) m., *store-house*
stori(au) f., *story*
straen m., *strain*
stryd (strydoedd) f., *street*
stumog(au) m., *stomach*
suddo, *to sink*
swm (symiau) m., *sum*
sŵn m., *sound*
swnllyd, *noisy*
swp (sypiau) m., *pile*
swta, *short, abrupt*
swydd(i) f., *job*
swyddfa (swyddfeydd) f., *office*
sy, *is*
sychu, *to wipe*
sydyn, *sudden*
syfrdanu, *to astound*
syl   .1., *notice*
sylweddoli, *to realise*

sylwi, *to notice*
symud, *to move*
syn, *astounded*
syniad(au) m., *idea*
syrthio, *to fall*
syth, *straight*

T

taclus, *tidy*
tacsi m., *taxi*
taith (teithiau) f., *journey*
tal, *tall*
tala(f), *tallest*
talcen m., *forehead*
talu, *to pay*
tân (tanau) m., *fire*
tan, oddi tan, *under*
tanddaearol, *underground*
tanio, *to light*
taranu, *to thunder*
taro, *to hit, strike*
tarw (teirw) m., *bull*
tarw dur, *bulldozer*
tasgu, *to fly, dart, spurt*
tawel, *quiet*
tawelwch m., *silence*
'te, *then, therefore*
teimlo, *to feel*
teithio, *to travel*
tenau, *thin, slim*
tew, *fat, stout*
ti, *thou, you*
tipyn, *a bit, some, a little*
tlawd, *poor*
to (toeau) m., *roof*
tocyn (tocynnau) m., *ticket*
tomen (tomenni) f., *heap, pile*
torri, *to break*
torts (tortsys) f., *torch*
tosturi m., *sympathy*
trafferth(ion) m., *trouble*
traffordd f., *motorway*
traws, ar draws, *across*
tref(i) f., *town*
treio, *to try*
trên (trenau) m., *train*

treulio, *to spend*
tri, *three*
tri, *three*
trist, *sad*
tristwch m., *sadness*
tro (troeon) m., *turn, time*
troed (traed) f., *foot*
troedfedd(i) f., *foot(length)*
troi, *to turn*
trosi, *to turn*
truan (trueiniaid) m., *wretch*
trwbwl m., *trouble*
trwchus, *thick*
trwm, *heavy*
trymach, *heavier*
trwy, drwy, *through*
trwydded(au) f., *licence*
trwyn(au) m., *nose*
tryc(iau) m., *truck*
trydan m., *electric*
tu m., *side*
   y tu mewn, *inside*
   y tu ôl i, *behind*
   y tu allan, *outside*
tua, tuag at, *towards*
tudalen (tudalennau) m., *page*
twll (tyllau) m., *hole*
twnel (twnelau) m., *tunnel*
twpsyn m., *dull one, fool*
twyllo, *to deceive*
tŷ (tai) m., *house.*
tyn, *tight*
tynerwch m., *gentleness*
tynhau, *to tighten*
tynnach, *tighter*
tynnu, *to pull, draw, take (picture)*
tyrfa(oedd) f., *crowd*
tystiolaeth m., *evidence*
tywallt, *to spill, pour*
tywyll, *dark*
tywyllwch m., *darkness*

U

ucha(f), *highest*
uchel, *high*
ugain, *twenty*

un, *one*

   yr un, *the same*

   yr un mor, *just as*

unig, *lonely*

union, *straight, exact*

unman, *anyplace*

unrhyw, *any*

unrhyw beth, *anything*

unwaith, *once*

   ar unwaith, *at once*

uwch, *higher, above*

W

waith, *because*

wal(iau) m., *wall*

warws m., *warehouse*

wats(ys) f., *watch*

wedyn, *then*

wir, *indeed*

wrth, *by*

   wrth gwrs, *of course*

wyneb(au) m., *face*

wynebu, *to face*

wyth, *eight*

Y

y, yr, 'r, *the*

ychydig, *little*

yma, *here, this*

ymchwil m., *search*

ymddangos, *to appear*

ymhell, *far*

ymhobman, *everywhere*

ymholiad(au) m., *enquiry*

ymlaen, *on, forward, onward*

ymuno â, *to join*

ymyl(on) m., *edge*

   yn ymyl, *near*

yn, *in*

yna, *then, there*

yno, *there*

yntau, *he also*

ysbiwr (ysbiwyr) m., *spy*

ysgafn, *light*

ysgol(ion) f., *school, ladder*

ysgwyd, *to shake*

ysgwydd(au) f., *shoulder*